《三字经》诵读识字（下册）

姜庆生　主编

山东大学出版社
·济南·

《〈三字经〉诵读识字》

编委会

主　　编　姜庆生
校　　订　姜宝昌　戴　月
参编人员　郑吉成　李起芳　韩登玲

目　录

《三字经》

（宋）王应麟著　（明）赵南星注[1]

人之初　性本善　性相近　习相远
苟不教　性乃迁　教之道　贵以专
昔孟母　择邻处　子不学　断机杼
窦燕山　有义方　教五子　名俱扬
养不教　父之过　教不严　师之惰
子不学　非所宜　幼不学　老何为
玉不琢　不成器　人不学　不知义
为人子　方少时　亲师友　习礼仪
香九龄　能温席　孝于亲　所当执
融四岁　能让梨　弟于长　宜先知
首孝弟　次见闻　知某数　识某文
一而十　十而百　百而千　千而万
三才者　天地人　三光者　日月星
三纲者　君臣义　父子亲　夫妇顺
曰春夏　曰秋冬　此四时　运不穷

曰南北　曰西东　此四方　应乎中
曰水火　木金土　此五行　本乎数
曰仁义　礼智信　此五常　不容紊
稻粱菽　麦黍稷　此六谷　人所食
马牛羊　鸡犬豕　此六畜　人所饲
曰喜怒　曰哀惧　爱恶欲　七情具
匏土革　木石金　与丝竹　乃八音
高曾祖　父而身　身而子　子而孙
自子孙　至玄曾　乃九族　人之伦
父子恩　夫妇从　兄则友　弟则恭
长幼序　友与朋　君则敬　臣则忠
此十义　人所同　凡训蒙　须讲究
详训诂　明句读　为学者　必有初
小学终　至四书　论语者　二十篇
群弟子　记善言　孟子者　七篇止
讲道德　说仁义　作中庸　乃孔伋
中不偏　庸不易　作大学　乃曾子
自修齐　至平治　孝经通　四书熟
如六经　始可读　诗书易　礼春秋
号六经　当讲求　有连山　有归藏
有周易　三易详　有典谟　有训诰

有誓命　书之奥　我姬公　作周礼
著六官　存治体　大小戴　著礼记
述圣言　礼乐备　曰国风　曰雅颂
号四诗　当讽咏　诗既亡　春秋作
寓褒贬　别善恶　三传者　有公羊
有左氏　有穀梁　经既明　方读子
撮其要　记其事　五子者　有荀扬
文中子　及老庄　经子通　读诸史

考世系　知终始　自羲农　至黄帝
号三皇　居上世　唐有虞　号二帝
相揖逊　称盛世　夏有禹　商有汤
周文武　称三王　夏传子　家天下
四百载　迁夏社　汤伐夏　国号商
六百载　至纣亡　周武王　始诛纣
八百载　最长久　周辙东　王纲坠
逞干戈　尚游说　始春秋　终战国
五霸强　七雄出　嬴秦氏　始兼并
传二世　楚汉争　高祖兴　汉业建
至孝平　王莽篡　光武兴　为东汉
四百年　终于献　魏蜀吴　争汉鼎

号三国　迄两晋　宋齐继　梁陈承
为南朝　都金陵　北元魏　分东西
宇文周　与高齐　迨至隋　一土宇
不再传　失统绪　唐高祖　起义师
除隋乱　创国基　二十传　三百载
梁灭之　国乃改　梁唐晋　及汉周
称五代　皆有由　炎宋兴　受周禅
十八传　南北混　辽与金　皆称帝
元灭金　绝宋世　尽中国　为夷狄
明朝兴　再开辟　廿一史　全在兹
载治乱　知兴衰　读史者　考实录
通古今　若亲目　口而诵　心而惟
朝于斯　夕于斯　昔仲尼　师项橐
古圣贤　尚勤学　赵中令　读鲁论
彼既仕　学且勤　披蒲编　削竹简
彼无书　且知勉　头悬梁　锥刺股
彼不教　自勤苦　如囊萤　如映雪
家虽贫　学不辍　如负薪　如挂角
身虽劳　犹苦卓　苏老泉　二十七
始发愤　读书籍　彼既老　犹悔迟
尔小生　宜早思　若梁灏　八十二

对大廷　魁多士　彼既成　众称异
尔小生　宜立志　莹八岁　能咏诗
泌七岁　能赋棋　彼颖悟　人称奇
尔幼学　当效之　蔡文姬　能辨琴
谢道韫　能咏吟　彼女子　且聪敏
尔男子　当自警　举神童②　作正字
彼虽幼　身已仕　尔幼学　勉而致
有为者　亦若是　犬守夜　鸡司晨
苟不学　曷为人　蚕吐丝　蜂酿蜜
人不学　不如物　幼而学　壮而行
上致君　下泽民　扬名声　显父母
光于前　垂于后　人遗子　金满籯
我教子　惟一经　勤有功　戏无益
戒之哉　宜勉力

---

① 据现有文献可知明朝赵南星所撰《三字经注》是现存最早的《三字经》注释本，本书即取自该版本。

② 举神童：此句之前，清刻本有“唐刘晏，方七岁”六字。

三字經誦讀識字

戴月題

考世系

考

kǎo

甲骨文 — 金文 — 小篆 — 隶书 — 楷书

考 本义：老；高寿。甲骨文、金文、小篆像老人扶杖而行。表示长寿的老人。后引申出寿考、考妣、考问、考试、考察、考古等词义。

知终始

知

zhī

金文 — 小篆 — 隶书 — 楷书

知 本义：知识。从口从矢。篆书表示通过认知事物，当宣述心思时，话语如同离弦的箭一般脱口而出。后引申出知道、知觉、知音、知名等词义。古又同“智”，表示智慧之义。

自羲农

农（農）

nóng

金文 — 小篆 — 隶书 — 楷书 — 楷书简化字

农（農） 本义：耕种。金文从田从辰，辰乃耕器。小篆从晨，囟声。晨(chén)，天将明之时。表示天明时分，手持农具在田中耕作。后楷化作“農”。如：农业、农民、农谚等。

至黄帝

黄

huáng

甲骨文 — 金文 — 小篆 — 隶书 — 楷书

黄 本义：指黄色，五色之一，土地的颜色。从田从炗。炗(guāng)，古同“光”。后引申出黄金、黄牛、扫黄、黄河、黄帝等词义。

号三皇

皇

huáng

金文 — 小篆 — 隶书 — 楷书

皇 本义：大。金文像王着冠冕形。表示光明盛大。后引申出天皇、皇帝、堂皇、皇考等词义。

居上世

上

shàng

甲骨文 — 金文 — 小篆 — 隶书 — 楷书

上 本义：高处。甲骨文、金文、小篆字形表示地面的高处。后引申出上面、上级、上谕、上学、上升等词义。

唐有虞

虞

yú

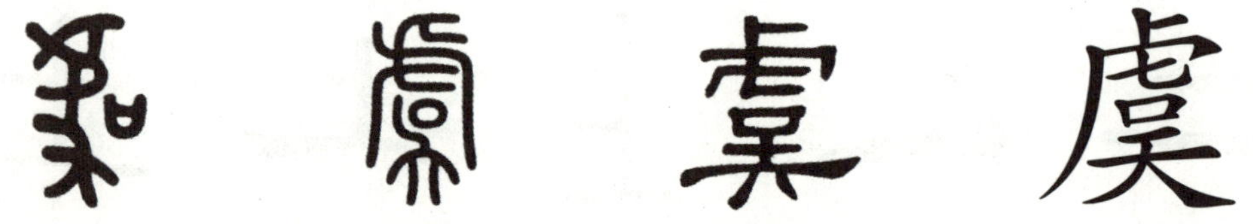

金文 — 小篆 — 隶书 — 楷书

虞 本义：神话传说中野兽的名字，即“驺虞”，白虎黑纹，尾长于身，从虍（读 hū，虎皮上的斑纹），吴声。有料想、猜度之义。后引申出不虞、忧虞、尔虞我诈等词义。

号二帝

帝

dì

甲骨文 — 金文 — 小篆 — 隶书 — 楷书

帝 本义：君主；皇帝。甲骨文、金文、小篆字形表示架木或束木燔以祭天。后引申出上帝、帝王等词义。

相揖逊

相

xiāng

甲骨文 — 金文 — 小篆 — 隶书 — 楷书

相 本义：察看；省视。甲骨文、金文、小篆字形像以目观木。表示工匠师用木取材，必审视其长短、曲直、阴阳、刚柔。后引申出互相、相信、相中等词义。相，又读 xiàng，如：相貌、照相、月相、宰相等。

称盛世

称（稱）

chēng

甲骨文 — 金文 — 小篆 — 隶书 — 楷书 — 楷书简化字

称（稱） 本义：称量，测物的轻重。甲骨文、金文像手持秤锤状。表示权衡物体的重量。小篆从禾，爯（chēng）声。后引申出称谓、自称、称许、称贺等词义。称，又读 chèn，称心。又读 chèng，同“秤”。

夏有禹

禹

yǔ

金文 — 小篆 — 隶书 — 楷书

禹 本义：虫名。篆书像头足尾俱全的虫形。夏朝开国的君主史称“大禹”，留有大禹治水的传说。

商有汤

汤(湯)

tāng

金文 — 小篆 — 隶书 — 楷书 — 楷书简化字

汤(湯) 本义：热水；沸水。从水，昜声。昜，古陽(阳)字。篆书表示充满阳气的水。后引申出汤剂、菜汤、温泉等义。汤，又读 shāng，如：河水汤汤。

周文**武**

武

wǔ

甲骨文 — 金文 — 小篆 — 隶书 — 楷书

武 本义：征伐示威。甲骨文、金文、小篆字形表示人持戈行进，以实施军事、技击、强力等事。后引申出武器、武术、威武、步武等词义。

称三王

王

wáng

甲骨文 — 金文 — 小篆 — 隶书 — 楷书

王 本义：帝王；国王。古代最高统治者的称号。甲骨文、金文、小篆像刃部向下的斧钺形，象征王者权威。后引申出郡王、王母（祖母）、大王、蜂王、王牌等词义。王，又读 wàng，如王天下。

夏传子

夏

xià

金文 — 小篆 — 隶书 — 楷书

夏 本义:最初为中原古部族名,相沿用为中国人的称呼,也泛指中国(华夏)。篆书从夊,从頁,从臼。夊(suī),表示两只脚。頁,表示头部。臼(jú),表示两只手。金文像一个人形。后引申为夏季。

家天下

家

jiā

甲骨文 — 金文 — 小篆 — 隶书 — 楷书

家 本义：住所。从宀，豭省声。豭（jiā），公猪。甲骨文、金文、小篆字形表示房中养猪，生活富足。后引申出家庭、国家、治家、专家、儒家、家畜等词义。家，又读 jie，如：整天家、成年家等。

四百载

百

bǎi

甲骨文 — 金文 — 小篆 — 隶书 — 楷书

百 本义：数词。十的十倍。从一、白。甲骨文、金文、小篆像容器形，表示数量大。后引申出百货、百家争鸣等词义。

迁夏社

社

shè

甲骨文 — 金文 — 小篆 — 隶书 — 楷书

社 本义：传说中的土地神。从示从土。也指古代祭祀土地神的地方。甲骨文以“土”为“社”。后引申出社会、社区、合作社等词义。

汤伐夏

伐

fá

甲骨文 — 金文 — 小篆 — 隶书 — 楷书

伐 本义:砍杀;击刺。从人持戈。甲骨文、金文、小篆像以戈击杀人形。后引申出砍伐、征伐、伐善等词义。

国号**商**

商

shāng

甲骨文 — 金文 — 小篆 — 隶书 — 楷书

商 本义：估量。表示从外面估测里面的情况。后引申出商业、商人、商数、商讨等词义。

六百载

六

liù

甲骨文 — 金文 — 小篆 — 隶书 — 楷书

六　本义：数词。甲骨文像结构简易的棚屋形。表示暴露在野外的草庐，是“庐”的初文。因“庐”和“六”古音相近，所以借为数字“六”。

至纣亡

纣（紂）

zhòu

甲骨文 — 小篆 — 隶书 — 楷书 — 楷书 简化字

纣（紂） 本义：套车时拴在驾辕牲口尾部横木上的皮带。甲骨文、小篆字形表示用手持牵丝绳。商代最后一个君主称“纣王”。

周武王

周

zhōu

甲骨文 — 金文 — 小篆 — 隶书 — 楷书

周 本义：周密；谨严。甲骨文、金文像田中种满了庄稼形。表示划界筑埂，圈地而种。小篆从用从口。后引申出圆周、周围、周身、周末、周济等词义。

始诛纣

诛(誅)

zhū

金文 — 小篆 — 隶书 — 楷书 — 楷书简化字

诛(誅) 本义:指责;责备。金文从戈,表示讨伐杀戮。小篆从言,朱声。表示声讨。后引申出诛杀、口诛笔伐、诛求等词义。

八百载

八

bā

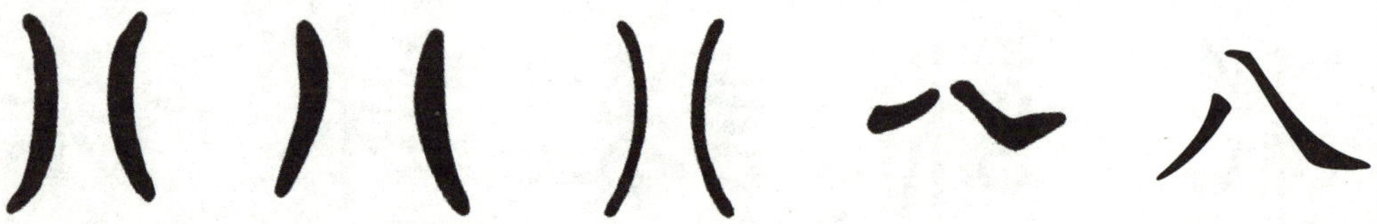

甲骨文 — 金文 — 小篆 — 隶书 — 楷书

八 本义：分开。甲骨文、金文、小篆以二画相背、分向张开，表示分别之义。后借用为数词“八”。

最长久

久

jiǔ

甲骨文 — 金文 — 小篆 — 隶书 — 楷书

久 本义：灸灼。甲骨文、金文或作“乒”（即厥，音 jué）字形。乒，木桩。小篆字形像人卧床，以物灼体。古人治病，燃艾灼体谓之“灸”，“久”即为“灸”的初字。后引申出长久、久留等词义。

周辙东

辙（轍）

zhé

甲骨文 — 金文 — 小篆 — 隶书 — 楷书 — 楷书简化字

辙（轍） 本义：车轮碾轧出的痕迹。甲骨文、金文“辙”与“徹”同。徹，从鬲从又，像手像鬲之形。表示食毕而徹去。小篆从车，表示车迹之义。后引申出顺辙儿、合辙、想辙等词义。

王纲坠

坠（墜）

zhuì

金文 — 小篆 — 隶书 — 楷书 — 楷书简化字

坠（墜） 本义：从高处落下。从土，隊声。隊（zhuì），落下。如：坠马、摇摇欲坠。后引申出坠沉、坠吊、河南坠子等词义。

逞干戈

干

gān

干 本义：武器。古代用来挡住刀箭、卫护自身的兵器，即盾。甲骨文、金文、小篆像带丫杈的木棒形。后引申出干犯、干涉、干扰、干禄、河干、干支等词义。干，又是“榦”(gàn)的简化字，如：树干、干线、干部等。又是乾(gān)的简化字，如：干燥、干净、喝干等。

尚游说

游

yóu

甲骨文 — 金文 — 小篆 — 隶书 — 楷书

游 本义：旌旗的飘带。甲骨文、金文像“子”执旗前进状。篆书加“水”，表示在水中浮行或潜泳。如：游泳。后引申出交游、游玩、游击战、上游等词义。

始春秋

始

shǐ

金文 — 小篆 — 隶书 — 楷书

始 本义:初;开始。篆书从女,台(胎)声。表示女人初次生孩子。后引申出始祖、方才、刚刚等词义。

终战国

战（戰）

zhàn

金文 — 小篆 — 隶书 — 楷书 — 楷书 简化字

战（戰） 本义：战斗，作战。金文或从兽从戈，表示战争如猎兽。小篆从戈，单声。后引申出舌战、寒战等词义。

五霸强

强

qiáng

金文 — 小篆 — 隶书 — 楷书

强 本义：米中小黑虫。金文、小篆、隶书皆作“彊”，为彊弱之专字。从弓，畺声。表示弓有力。后以“强”代“彊”。强，引申出强壮、强大、刚强等词义。强，又读 jiàng，如：倔强。又读 qiǎng，如：勉强。

七雄出

出

chū

甲骨文 — 金文 — 小篆 — 隶书 — 楷书

出　本义：出行。甲骨文、金文、小篆像人自穴居外出状。后引申为出现、出界、出产、出名、出席、支出、一出戏等词义。

嬴秦氏

秦

qín

甲骨文 — 金文 — 小篆 — 隶书 — 楷书

秦 本义:禾名。也作古国名。甲骨文、金文、小篆像以手抱杵状农具打谷脱粒状。表示嬴秦所封之地适宜禾谷生长,为五谷丰饶的土地。后引申出秦朝、秦川、秦岭、秦腔等词义。

始兼并

并

bìng

甲骨文 — 金文 — 小篆 — 隶书 — 楷书

并 本义：合并，吞并。甲骨文、金文、小篆像二人相并状。后引申出并列、并且等词义。

传二世

世

shì

金文 — 小篆 — 隶书 — 楷书

世 本义：三十年为一世。篆书由三个“十”字合并而成。古称父子相继为一世。后引申出世代、家世、世界、世兄等词义。

楚汉争

争（爭）

zhēng

金文 — 小篆 — 隶书 — 楷书 — 楷书简化字

争（爭） 本义：争夺，夺取。金文、小篆字形像两人以手持夺一物，使其归己所有状。后引申出争斗、争论、竞争等词义。

高祖兴

祖

zǔ

祖　本义：祖宗，先祖。甲骨文、金文像祖先的神主牌位形。祖字初文作“且”，后小篆加“示”旁以表“供奉”义。后引申出祖父、鼻祖、祖国等词义。

汉业建

业（業）

yè

金文 — 小篆 — 隶书 — 楷书 — 楷书 简化字

业（業） 本义：大版。金文、小篆字形表示古时乐器架子横木上的大版，刻如锯齿状，用以悬挂钟、鼓、磬。后引申出基业、产业、行业、学业、职业等词义。

至孝平

平

píng

金文 — 小篆 — 隶书 — 楷书

平 本义：宁静；安舒。金文像天平形。从于（呼气），从八（分开）。表示语气平直舒展。后引申出公平、平定、太平、平坦、平局、平时、平声等词义。

王莽篡

莽

mǎng

甲骨文 — 金文 — 小篆 — 隶书 — 楷书

莽 本义：丛生的草。从犬，从茻(mǎng)。甲骨文、金文、小篆像犬在林茻中状，表示犬在林草丛中追逐。后引申出莽苍、鲁莽、莽莽等词义。

光武兴

兴（興）

xīng

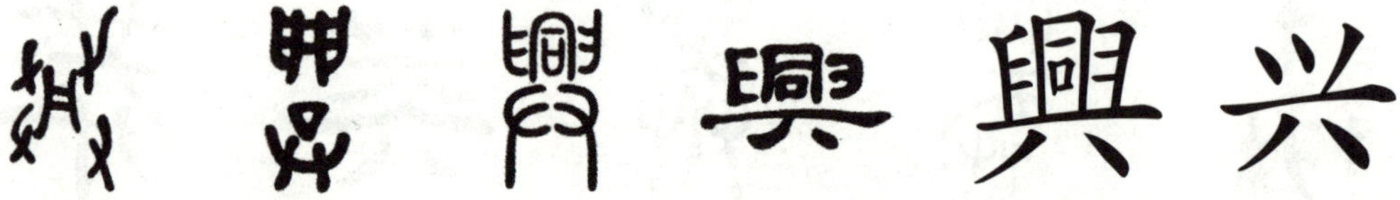

甲骨文 — 金文 — 小篆 — 隶书 — 楷书 — 楷书简化字

兴（興） 本义：举。从舁从同。舁(yú)，共举。表示两人同力举起。后引申出兴起、兴盛、兴办等词义。兴，又读 xìng，如：兴趣、高兴等。

为东汉

汉（漢）

hàn

金文 — 小篆 — 隶书 — 楷书 — 楷书简化字

汉（漢） 本义：水名。指汉水，也叫“汉江”，是长江最长的支流。后引申出汉族、汉朝、银汉、男子汉等词义。

四百年

年

nián

甲骨文 — 金文 — 小篆 — 隶书 — 楷书

年 也作秊。本义：五谷成熟。从禾，千声。甲骨文、金文、小篆字形像人在负禾状。表示庄稼成熟，收获年谷。后楷化作“年”。后引申出年数、年节、丰年、年龄、年兄等词义。

终于献

献（獻）

xiàn

甲骨文 — 金文 — 小篆 — 隶书 — 楷书 — 楷书简化字

献（獻） 本义：羹献。古代对作为祭品的犬的专称。从犬从鬲。甲骨文、金文、小篆字形表示进献、献纳之义。后引申出贡献、献技、献词、文献等词义。

魏蜀吴

吴

wú

甲骨文 — 金文 — 小篆 — 隶书 — 楷书

吴　本义：大声说话。甲骨文、金文、小篆像一人两手前后摆动奔走的样子，从口，表示边走边大声喧哗。后引申出大、地名（泛指我国东南一带地方）、姓氏等义。

争汉鼎

鼎

dǐng

甲骨文 — 金文 — 小篆 — 隶书 — 楷书

鼎 本义：古器物。用于煮、盛物品或置于宗庙作铭记功绩的礼器，也是周代国之重器。甲骨文、金文、小篆像三足两耳硕腹的器型。后引申出问鼎、三足鼎立、鼎盛、鼎力相助、人声鼎沸等词义。

号三国

国(國)

guó

甲骨文 — 金文 — 小篆 — 隶书 — 楷书 — 楷书简化字

国(國) 本义:城邑;邦域。从口(wéi),从或。指古代王侯的封地。又泛指国家。后引申出国旗、国色、国产等词义。甲骨文、金文、小篆字形表示以戈(古兵器)守城,保卫领地。

迄两晋

两（兩）

liǎng

金文 — 小篆 — 隶书 — 楷书 — 楷书 简化字

两（兩） 本义：二。篆书从一，网（liǎng）声。表示从中平分。如：两个、两半、两方。后引申出斤两、两可等词义。

宋齐继

齐（齊）

qí

甲骨文— 金文 — 小篆 — 隶书 — 楷书 — 楷书简化字

齐（齊） 本义：禾麦吐穗上平。甲骨文、金文、小篆像禾麦吐穗状。表示禾麦长得整齐。后引申出整齐、齐全、齐心、看齐等词义。

梁陈承

陈（陳）

chén

金文 — 小篆 — 隶书 — 楷书 — 楷书简化字

陈（陳） 本义：排列。如：陈列、陈设。后引申出陈述、陈旧、姓陈等词义。

为南朝

南

nán

甲骨文 — 金文 — 小篆 — 隶书 — 楷书

南 本义：方位名，南方，与“北”相对。甲骨文字形像以绳悬挂钟镈等类乐器。古时因钟镈等乐器皆陈放于南方，所以借为“南方”的“南”。

都金陵

都

dū

金文 — 小篆 — 隶书 — 楷书

都 本义：古代指有先君宗庙的城邑。从邑，者声。距国五百里为都。后引申出都市、首都等词义。都，又读 dōu，有都是、全、已经等义。

北元魏

元

yuán

甲骨文 — 金文 — 小篆 — 隶书 — 楷书

元　本义：人头。甲骨文、金文、小篆字形表示人之上为首。后引申出元首、元旦、元音、元素、单元、一元钱、元朝等词义。

分东西

西

xī

西 本义:方位名,西方。甲骨文、金文字形如鸟巢。表示日落西方而鸟栖息。后引申出西洋、西天等词义。

宇文周

宇

yǔ

金文 — 小篆 — 隶书 — 楷书

宇 本义：屋檐。从宀，于声。篆书字形表示房屋上下四方整个空间。后引申出屋宇、宇宙、器宇等词义。

与高齐

与（與）

yǔ

金文 — 小篆 — 隶书 — 楷书 — 楷书简化字

与（與） 本义：党与，朋党。篆书像众手共举器物状，表示众人偕同举事。后引申出相与、与共、赠与、与人为善、与时俱进等词义。与，又读 yù，如：参与。又读 yú，同“欤”，语气词。

迨至隋

至

zhì

甲骨文 — 金文 — 小篆 — 隶书 — 楷书

至 本义：到；来到。甲骨文、金文、小篆如矢（箭）远来降到地上状。后引申出至极、至于、至理等词义。

一土字

土

tǔ

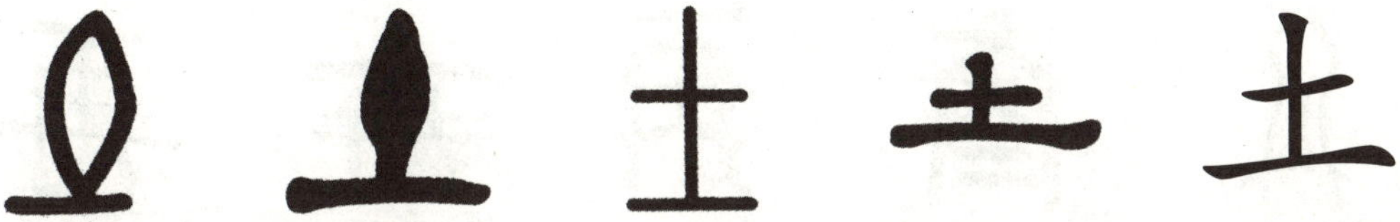

甲骨文 — 金文 — 小篆 — 隶书 — 楷书

土 本义：泥土；土地。甲骨文、金文像地面上有土块状。后引申出土产、土法、土里土气、烟土、土族等词义。

不再传

再

zài

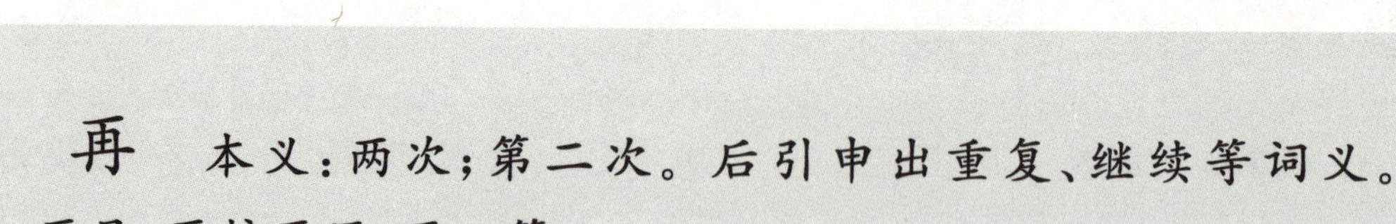

甲骨文 — 金文 — 小篆 — 隶书 — 楷书

再　本义：两次；第二次。后引申出重复、继续等词义。如：再见、再接再厉、再三等。

失统绪

失

shī

金文 — 小篆 — 隶书 — 楷书

失 本义：丢掉；丧失；遗失。从手。篆书字形表示从手中掉落。后引申出损失、失手、迷失、失望、失神、失信、过失等词义。

唐高祖

唐

táng

甲骨文 — 金文 — 小篆 — 隶书 — 楷书

唐　本义：说大话；荒唐大言。从口从庚。庚是钟铃一类的乐器，与“口”结合表示说话声音像钟玲一样很响很大。后引申出荒唐、唐突、唐代等词义。

起义师

起

qǐ

金文 — 小篆 — 隶书 — 楷书

起　本义：由躺而坐，由坐而立。如：起立、起床。篆书字形像起立行走的样子。后引申出兴起、起动、起草、起疑、抬起、起痱子等词义。

除隋乱

除

chú

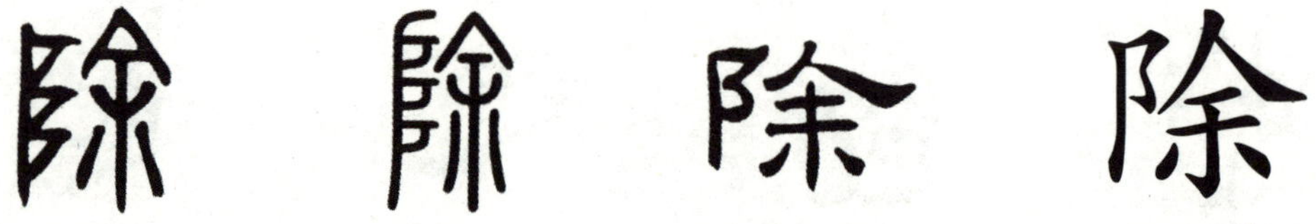

大篆 — 小篆 — 隶书 — 楷书

除 本义：宫殿的台阶；庭除。篆书从阜。阜，土山。表示台阶如山石。后引申出根除、除了、除法等词义。

创国基

创（創）

chuàng

金文 — 小篆 — 隶书 — 楷书 — 楷书简化字

创（創） 本义：创伤；创口。读 chuāng。篆书字形表示刀刃所伤。后引申出“重创”等义。创，又读 chuàng，如：首创、创作等。

二十传　三百载

载（載）

zǎi

小篆 — 隶书 — 楷书 — 楷书简化字

载（載） 本义：乘坐。读 zài。从车，表示陆行载车，水行载舟。后引申出装载、承载、过载、载歌载舞等词义。载，又读 zǎi，如：一年半载、记载等。

梁灭之

灭（滅）

miè

金文 — 小篆 — 隶书 — 楷书 — 楷书 简化字

灭（滅） 本义：尽；绝。从水，从火，威声。篆书表示水火相克，火熄灭。后引申出灭火、灭顶、灭亡、消灭等词义。

国乃改

改

gǎi

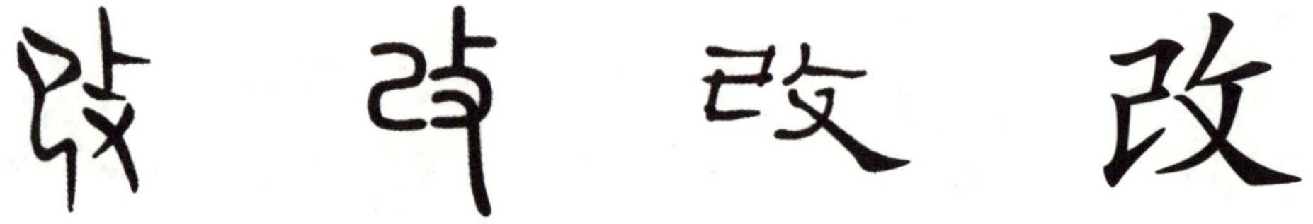

金文 — 小篆 — 隶书 — 楷书

改 本义：变更；更易。篆书从己，从攴。攴（pū），击打。表示己有过，攴之则改。后引申出改正、修改等词义。

梁唐晋

晋

jìn

甲骨文 — 金文 — 小篆 — 隶书 — 楷书

晋 本义：进。如：晋见、晋京。甲骨文、金文、小篆从日从臸。臸(zhī)，到达。表示日出万物进而滋长。后引申出晋级、晋朝等词义。

及汉周

·

及

jí

甲骨文 — 金文 — 小篆 — 隶书 — 楷书

及 本义：追上。甲骨文、金文、小篆像用手触人的样子。后引申出普及、及时、推及、不及等词义。

称五代

代

dài

小篆 — 隶书 — 楷书

代 本义：更替，替代。后引申出年代、代理、朝代、下一代等词义。

皆有由

由

yóu

由		由
隶书	—	楷书

由　本义：原因，缘由。隶书字形表示根本的来历。后引申出经由、由得、由表及里等词义。

炎宋兴

炎

yán

金文 — 小篆 — 隶书 — 楷书

炎　本义：火光向上升腾。篆书像一团团熊熊燃烧的火焰。后引申出炎热、发炎、趋炎附势、炎帝等词义。

受周禅

受

shòu

甲骨文 — 金文 — 小篆 — 隶书 — 楷书

受 本义：接受。甲骨文、金文如二人用手奉承盘相授受状。后引申出容纳、忍受、遭受、受看等词义。

十八传

十

shí

甲骨文 — 金文 — 小篆 — 隶书 — 楷书

十 本义：数词。十个一为十。甲骨文为一竖画，像古代算数时所用的小棍儿，叫“算筹”。金文竖画中间加粗或作圆点，都表示数字“十”。后引申出十足等词义。

南北混

混

hùn

小篆 — 隶书 — 楷书

混 本义：水势盛大。从水，昆声。后引申出混合、蒙混、混乱、鬼混等词义。混，又读 hún，如：混蛋。

辽与金

辽(遼)

liáo

辽(遼) 本义：遥远。如：辽远、辽阔。后引申出辽河、辽宁、辽东半岛等词义。

皆称帝

皆

jiē

甲骨文 — 金文 — 小篆 — 隶书 — 楷书

皆 本义：都，俱。小篆从比从白。甲骨文、金文字形像二人合一口状，表示统括的含义。如：比比皆是、人人皆知。

元灭金

金

jīn

金文 — 小篆 — 隶书 — 楷书

金 本义：金属的总称。篆书从土，土字边上两笔表示金属矿物埋于土中。后引申出黄金、现金、金鼓、金贵、金色、金国等词义。

绝宋世

宋

sòng

甲骨文 — 金文 — 小篆 — 隶书 — 楷书

宋 本义：居住。甲骨文、金文、小篆表示用木做梁柱建成居宅。后引申出宋国、宋代、姓宋等词义。

尽中国

尽（盡）

jìn

甲骨文 — 金文 — 小篆 — 隶书 — 楷书 — 楷书简化字

尽（盡） 本义：器物中空。甲骨文、金文、小篆像用手持禾涤器状。后引申出终尽、竭尽、自尽、尽心、尽职、尽显、尽数等词义。尽，又读 jǐn，如：尽早、尽管、尽前头等。

为夷狄

夷

yí

甲骨文 — 金文 — 小篆 — 隶书 — 楷书

夷 本义：平，也是我国古代东部民族名。甲骨文像屈膝蹲踞的人形，表示夷人多为蹲踞而处。篆书从大从弓，表示夷人善于使用弓箭。后引申出蛮夷、化险为夷、夷灭、夷为平地、夷情等词义。

明朝兴

朝

cháo

甲骨文 — 金文 — 小篆 — 隶书 — 楷书

朝　本义：早晨。读 zhāo。如：朝阳等。甲骨文像日、月同时出现于草木中，表示日出时分尚有残月的现象。后引申出今朝等词义。朝，又读 cháo，如：朝廷、朝代、朝见、朝向等。

再开辟

开(開)

kāi

金文 — 小篆 — 隶书 — 楷书 — 楷书简化字

开(開) 本义：开门。金文像两手取去门栓状。表示打开、张开。后引申出开创、开始、开禁、开辟、开会等词义。

廿一史

廿

niàn

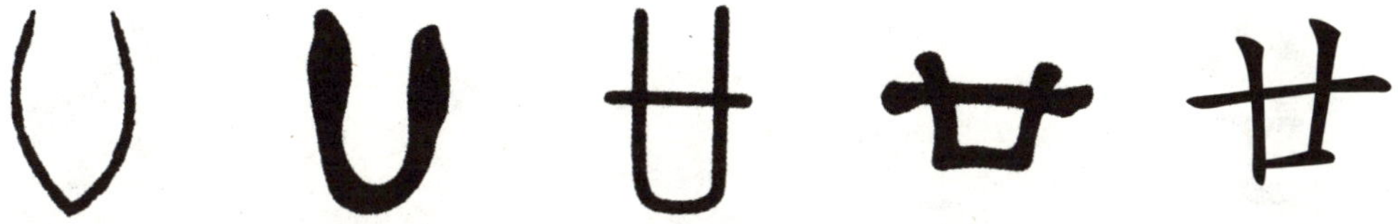

甲骨文 — 金文 — 小篆 — 隶书 — 楷书

廿　本义：数词，二十。甲骨文、金文、小篆字形表示两个“十”合并。

全在兹

全

quán

金文 — 小篆 — 隶书 — 楷书

全 本义：纯玉。篆书表示自石内取玉而本质独全，有完好、纯粹的含义。后引申出齐全、保全、完全、全部等词义。

载治乱

乱（亂）

luàn

金文 — 小篆 — 隶书 — 楷书 — 楷书 简化字

乱（亂） 本义：治理。篆书表示把曲乱的一团丝麻理顺。后引申出杂乱、战乱、乱跑、心烦意乱等词义。

知兴衰

衰

shuāi

金文 — 小篆 — 隶书 — 楷书

衰 本义:雨具。同“蓑”,从衣象形,即蓑衣。后指事物发展由强盛转向微弱。如:衰弱。衰,又读 cuī,如:等衰(等次)。

读史者

史

shǐ

甲骨文 — 金文 — 小篆 — 隶书 — 楷书

史 本义：记事的人。如：史官。从又，持中。甲骨文、金文、小篆字形像用手持中，表示公正记事的史职官员。后引申出历史、史册等词义。

考实录

实(實)

shí

金文 — 小篆 — 隶书 — 楷书 — 楷书简化字

实(實) 本义:富裕。从宀从贯。贯,货贝。金文又从田从贝,表示以财物充于室内。后引申出财富、实物、充实、实在、确实、事实、果实等词义。

通古今

今

jīn

甲骨文 — 金文 — 小篆 — 隶书 — 楷书

今 本义：现在。甲骨文、金文、小篆像铃有钮有舌的样子。商周时代用木铎（铃）发号施令，发令时刻即为今。后引申出当今、今天、今次等词义。

若亲目

目

mù

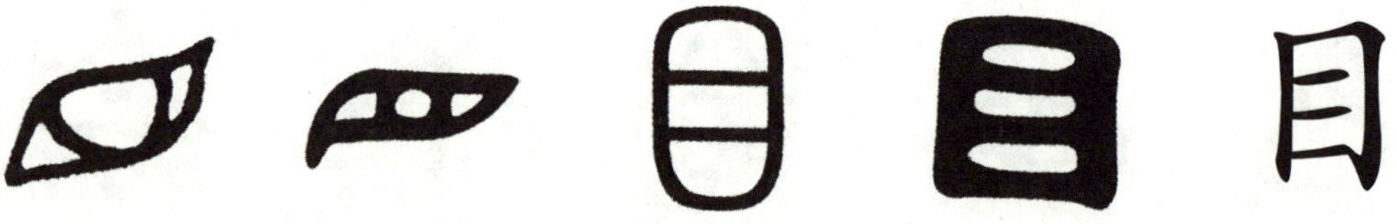

甲骨文 — 金文 — 小篆 — 隶书 — 楷书

目 本义：眼睛。甲骨文、金文象形。后引申出网眼、看、项目、目录、题目、科目等词义。

口而诵

口

kǒu

甲骨文 — 金文 — 小篆 — 隶书 — 楷书

口 本义：人和动物发声、进食的器官。甲骨文、金文、小篆象形。后引申出人口、口味、口气、出口、伤口、关口等词义。

心而惟

心

xīn

金文 — 小篆 — 隶书 — 楷书

心 本义：心脏。篆书象形。后引申出心思、内心、中心等词义。

朝于斯

斯

sī

金文 — 小篆 — 隶书 — 楷书

斯 本义：劈开。从斤，其声。斤，砍木的斧。篆书表示用斧头劈开。后引申出分散、离开、这、这样、于是、斯文等词义。

夕于斯

夕

xī

甲骨文 — 金文 — 小篆 — 隶书 — 楷书

夕 本义：傍晚。甲骨文、金文、小篆像半月形。表示月初升时暮色降临。后引申出除夕、夕月、夕室等词义。

昔仲尼

昔

xī

甲骨文 — 金文 — 小篆 — 隶书 — 楷书

昔 本义：从前；往日。甲骨文、金文从日从𡿧。𡿧(zāi)，水害。表示古人几乎不忘昔日洪水的灾害。后引申出久远、夜晚、终了等义。

师项橐

项（項）

xiàng

金文 — 小篆 — 隶书 — 楷书 — 楷书简化字

项（項） 本义：脖子的后部。篆书从頁，工声。頁，读 xié，头。后引申出颈项、项目、款项等词义。

古圣贤

古

gǔ

甲骨文 — 金文 — 小篆 — 隶书 — 楷书

古　本义：过去已久的年代；古代。从十从口。表示众口相传、记识前代人的言语和故事。后引申出考古、古老、古朴、人心不古、古体诗等词义。

尚勤学

尚

shàng

金文 — 小篆 — 隶书 — 楷书

尚 本义：增加。从八，向声。篆书表示气息向上分散，有尊上、向慕的含义。后引申出高尚、崇尚、时尚、尚且、尚未、尚书、尚飨等词义。

赵中令

令

lìng

甲骨文 — 金文 — 小篆 — 隶书 — 楷书

令 本义：发出命令。甲骨文、金文、小篆字形表示振铎铃发出号令，使受令者有所作为。后引申出法令、酒令、县令、令人兴奋、时令、令名、令尊等词义。令，又读 lǐng，用作量词，如：一令纸。

读鲁论

鲁（魯）

lǔ

甲骨文— 金文 — 小篆 — 隶书 — 楷书 — 楷书简化字

鲁（魯） 本义：嘉美。甲骨文从鱼入口，表示鱼入坎（小坑）口，利于大量捕获。食之于口，嘉美于心。后引申出愚鲁、粗鲁、鲁国、鲁菜、鲁班等词义。

彼既仕

仕

shì

金文 — 小篆 — 隶书 — 楷书

仕 本义：学习政事。从人从士。篆书表示学习政事，见习试用。后引申出做官。如：出仕、仕途。又有仕女义，指宫女或以美女为题材的中国画。

学且勤

勤

qín

金文 — 小篆 — 隶书 — 楷书

勤 本义：从事劳作；勤劳。从力，堇声。后引申出勤奋、内勤、考勤、勤洗澡、勤王等词义。

披蒲编

披

pī

金文 — 小篆 — 隶书 — 楷书

披 本义：古丧具。即用在柩车两旁牵挽的帛，以防车子倾斜。从手，皮声。小篆表示用手把衣物披盖在身上。如：披衣。后引申出披散、披览等词义。

削竹简

竹

zhú

金文 — 小篆 — 隶书 — 楷书

竹　本义：竹子。多年生植物，枝叶经冬不凋。篆书像两两并生的竹枝形。

彼无书

无（無）

wú

甲骨文 — 金文 — 小篆 — 隶书 — 楷书 — 楷书简化字

无（無） 本义：没有。甲骨文、金文像用两手执物而起舞。为“舞”字初文。表示古人以起舞仪式来祭祀或祈雨，本为虚妄的事。小篆从亡，無声。后引申出虚无、无须、无非等词义。

且知勉

且

qiě

甲骨文 — 金文 — 小篆 — 隶书 — 楷书

且 本义：垫放物体的器具。同“俎”，读 zǔ。俎，古代祭祀或宴会时盛放牲体的礼器。甲骨文、金文、小篆像盛肉之俎。表示置肉于俎上以祭祀先祖，称先祖为“且”，后加“示”旁作“祖”。后引申出取、这、尚且、并且、且慢、而且等词义。且，又读 jū，文言助词，相当于“啊”。

头悬梁

头（頭）

tóu

金文 — 小篆 — 隶书 — 楷书 — 楷书简化字

头（頭） 本义：人体的最上部或动物的最前部长着口、鼻、眼等器官的部分。后引申出头领、磕头、布头、头车、头趟等词义。

锥刺股

刺

cì

小篆 — 隶书 — 楷书

刺 本义：用锐利之物戳入或穿透。从刀从朿。朿（cì），木芒。小篆表示刺伤。后引申出刺激、讽刺、刺探、鱼刺、名刺等词义。刺，又读 cī，象声词，如：刺溜、刺棱、花炮刺刺地冒火星。

彼不教

彼

bǐ

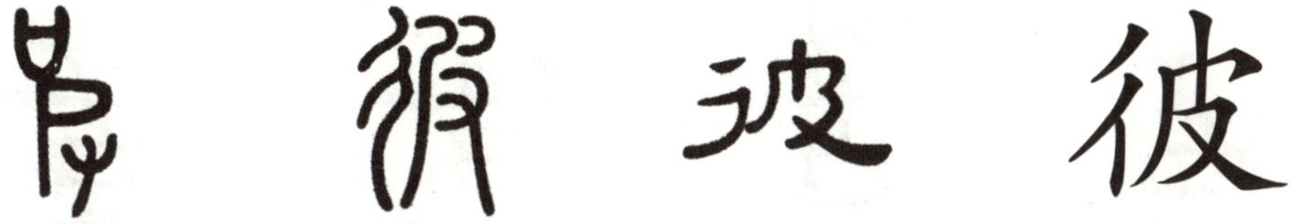

金文 — 小篆 — 隶书 — 楷书

彼 本义：往，有所增益。从彳，皮声。金文借皮为彼，表示剥取兽皮。后引申出彼此、彼岸、知己知彼等词义。

自勤苦

苦

kǔ

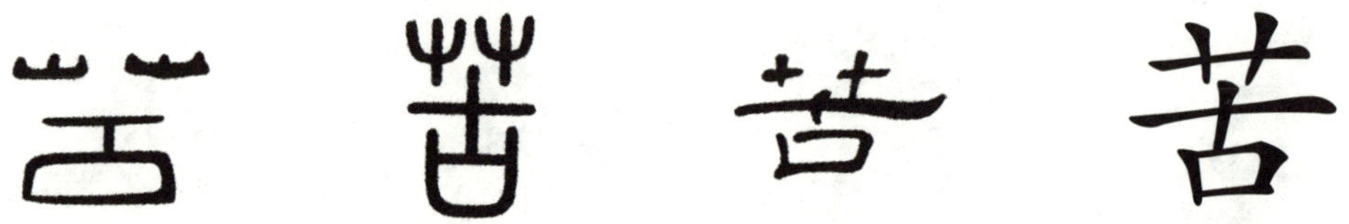

金文 — 小篆 — 隶书 — 楷书

苦 本义：苦菜。此菜味苦。后引申出苦味、痛苦、劳苦、苦练、苦夏等词义。

如囊萤·

萤（螢）

yíng

金文 — 小篆 — 隶书 — 楷书 — 楷书简化字

萤（螢） 本义：萤火虫。其身体黄褐色，尾部有发光器，能发出绿色的光。白天伏在草丛中，夜晚出来飞行。古“熒”同“螢”。

如映雪

雪

xuě

甲骨文 — 金文 — 小篆 — 隶书 — 楷书

雪 本义：从云中降落的白色结晶体。当气温降至0℃以下时，由空气中的水蒸气凝结而成。甲骨文字形表示雨水下落遇寒气而凝结成的雪花颗粒。后引申出雪白、雪耻等词义。

家虽贫

贫（貧）

pín

小篆 — 隶书 — 楷书 — 楷书简化字

贫（貧） 本义：缺少钱财；穷困；贫困。从贝从分。表示财物因分散而少。后引申出贫乏、贫嘴、贫僧等词义。

学不辍

辍（輟）

chuò

小篆 — 隶书 — 楷书 — 楷书简化字

辍（輟） 本义：车队行进，稍稍间断而又连续起来。从车，叕声。叕(zhuó)，交络互联。后引申出中止、停止，舍弃等词义。

如负薪

负(負)

fù

小篆 — 隶书 — 楷书 — 楷书简化字

负(負) 本义:恃;凭仗。篆书从人从贝。表示人有了钱财,生活就有了依靠。后引申出负重、负责、负伤、辜负、胜负、负债、负数等词义。

如挂角

角

jiǎo

甲骨文 — 金文 — 小篆 — 隶书 — 楷书

角 本义：兽角。甲骨文、金文、小篆像兽角整体形状，中间曲线似纹。后引申出豆角、角落、号角、直角等词义。角，又读jué，如角色、角斗等。

身虽劳

劳（勞）

láo

金文 — 小篆 — 隶书 — 楷书 — 楷书简化字

劳（勞） 本义：辛勤；劳苦。篆书从火，表示火烧屋时，用力救火者十分辛劳。后引申出效劳、劳动、功劳、慰劳等词义。

犹苦卓

卓

zhuó

甲骨文 — 金文 — 小篆 — 隶书 — 楷书

卓 本义：高明；高超。如：卓见。甲骨文像用长柄网罩鸟状，为“罩”的本字。篆书从匕从早，表示物相比则高者见。后引申出卓立、卓远、卓尔不群等词义。

苏老泉

泉

quán

甲骨文 — 金文 — 小篆 — 隶书 — 楷书

泉 本义:水的源头;泉水。甲骨文、金文字形像泉水自穴隙流出状。后引申出泉眼、泉币、黄泉等词义。

二十七

七

qī

甲骨文 — 金文 — 小篆 — 隶书 — 楷书

七 本义：数词。甲骨文、金文像从当中切断横画形。表示“割物为二，自中切断”的含义。是“切”的初文。因“切”“七”古音近，所以借为数字“七”。后引申出“满七”等词义。

始发愤

发（發）

fā

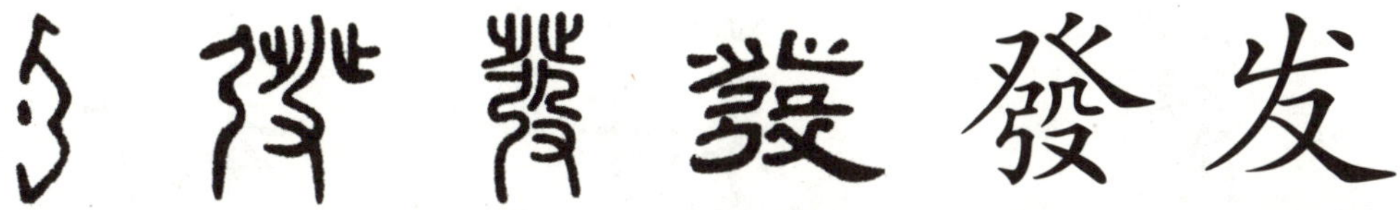

甲骨文— 金文 — 小篆 — 隶书 — 楷书 — 楷书简化字

发（發） 本义：发射。甲骨文像矢（箭）发后弓弦颤动状。如：百发百中。后引申为出发、发生、发散、发起、启发、发布、发货等词义。发也是“髮”的简化字，读 fà，如：头发、理发。

读书籍

籍

jí

小篆 — 隶书 — 楷书

籍 本义：簿书；户口册。是关于贡赋、人事及户口的档案。后引申出书籍、国籍、籍贯、籍没等词义。

彼既老

既

jì

甲骨文 — 金文 — 小篆 — 隶书 — 楷书

既　本义：食尽。甲骨文、金文字形像人坐在盛满食物的器具旁回头打嗝，表示吃完饭。后引申出既定、既然、既往等词义。

犹悔迟

迟(遲)

chí

甲骨文— 金文 — 小篆 — 隶书 — 楷书 — 楷书简化字

迟(遲) 本义:慢慢走。甲骨文像一人背负另一人徐徐行走的样子,表示缓慢。后引申出迟缓、迟到等词义。

尔小生

小

xiǎo

甲骨文 — 金文 — 小篆 — 隶书 — 楷书

小 本义：细小；微小。甲骨文、金文像尘沙小物状。后引申出小坐、小孩、小店、小丑儿、小有名气、讨小等词义。

宜早思

早

zǎo

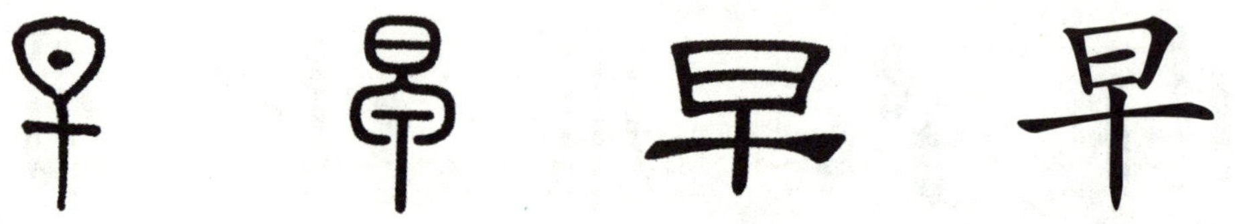

金文 — 小篆 — 隶书 — 楷书

早 本义：早晨。金文字形像太阳离开地面向上升起的样子，表示太阳出来的时候为“早”。后引申出早期、早熟、早已等词义。

若梁颢

若

ruò

甲骨文 — 金文 — 小篆 — 隶书 — 楷书

若 本义：顺从。甲骨文、金文像一人跪坐着举手梳发状，表示理顺。后引申出好像（欣喜若狂）、如果（若是）、你（若辈）等词义。

八十二

二

èr

甲骨文 — 金文 — 小篆 — 隶书 — 楷书

二 本义：数词，原始记数符号。甲骨文、金文、小篆用长度相等的两横画来表示数字“二”。隶变后，上横短，下横长。后引申出不二价、二心等词义。

对大廷

对（對）

dùi

甲骨文 — 金文 — 小篆 — 隶书 — 楷书 — 楷书简化字

对（對） 本义：回答；应答。甲骨文、金文、小篆字形像用手持板，以书思对命。表示有问必答。后引申出面对、配对、对手、核对、对调、对待、对光、对开、对策、正确（意见很对）、对于、一对等词义。

魁多士

多

duō

甲骨文 — 金文 — 小篆 — 隶书 — 楷书

多 本义：数量大，与“少”相对。甲骨文、金文、小篆字形像两块肉。古时祭祀分胙肉，能分得两块者则表示得到的多。后引申出多会儿、过多、多余、大多等词义。

彼既成

成

chéng

甲骨文 — 金文 — 小篆 — 隶书 — 楷书

成 本义：完成；实现。甲骨文、金文、小篆从戊，丁声。“丁”有强壮义，表示万物丁壮而成熟。后引申出成熟、成绩、成全、成为、成见、成批、九成金等词义。

众称异

众（衆）

zhòng

甲骨文— 金文 — 小篆 — 隶书 — 楷书 — 楷书简化字

众（衆） 本义：大家；许多人。甲骨文、金文字形表示日出时，众人相聚而作。后引申出众多、众人等词义。

尔小生

生

shēng

甲骨文 — 金文 — 小篆 — 隶书 — 楷书

生 本义：长出；生长。甲骨文、金文、小篆像草木生出地上状。表示生根，出生。后引申出生存、谋生、生命、生平、生物、产生、生熟、生硬、生怕、学生、老生等词义。

宜立志

立

lì

甲骨文 — 金文 — 小篆 — 隶书 — 楷书

立　本义：站立。甲骨文、金文、小篆像人正面伫立地上状。后引申出树立、确立、竖起、自立、立场、立刻等词义。

莹八岁

岁（歲）

suì

甲骨文 — 金文 — 小篆 — 隶书 — 楷书 — 楷书简化字

岁（歲） 本义：星名，即木星，也称“岁星”。因为木星每十二年在空中绕行一周，每年移动周天的十二分之一，古人把木星所在的位置作为纪年的标准，所以古代称年为“岁”，用作年的通称。如：岁月、岁数、丰岁等。

能咏诗

能

néng

金文 — 小篆 — 隶书 — 楷书

能　本义：一种像熊的野兽。此兽骨节坚实、体态强壮。假借为“贤能”“杰能”的“能”。后引申出能力、能人、能够、能量等词义。能，又读 nài，同“耐”，经受得住。

泌七岁

泌

bì

金文 — 小篆 — 隶书 — 楷书

泌 本义：山溪流水貌。古称泉水为“泌”。后引申出过滤渣滓之义，如：泌糟粕。泌，又读 mì，如：分泌。

能赋棋·

棋

qí

甲骨文 — 小篆 — 隶书 — 楷书

棋 本义：一种文体用具。如：围棋、象棋。从木，其声。其古同“箕”，簸箕。甲骨文字形表示手持小木块在箕内博弈而定输赢。后有臭棋、棋子等词。

彼颖悟

悟

wù

金文 — 小篆 — 隶书 — 楷书

悟 本义：明白；理解。从心，吾声。表示心中明了。后引申出觉悟、悟性等词义。

人称奇

奇

qí

金文 — 小篆 — 隶书 — 楷书

奇 本义：特殊；不寻常。如：奇特、奇妙。后引申出奇袭、惊奇等词义。奇，又读 jī，如：奇数、奇零等。

尔幼学 当效之

当（當）

dāng

金文 — 小篆 — 隶书 — 楷书 — 楷书简化字

当（當） 本义：对着；向着。从田，尚声。表示田与田相对着。后引申出相当、充当、当家、应当、当今、锐不可当、瓦当等词义。当，又读 dàng，如：恰当、典当、当时、当作等。

蔡文姬

蔡

cài

甲骨文 — 金文 — 小篆 — 隶书 — 楷书

蔡 本义：野草。甲骨文、金文像草生长散乱的样子。后引申出周朝国名（今河南省上蔡县、新蔡县等地）、占卜用的大龟（蓍蔡）、姓蔡等义。

能辨琴

琴

qín

金文 — 小篆 — 隶书 — 楷书

琴 本义：拨弦乐器。俗称“古琴”。篆书象形。琴是用来娱乐且禁止淫邪、端正人心的乐器。后引申为某些乐器的通称。如：提琴、钢琴、口琴。

谢道韫

谢（謝）

xiè

小篆 — 隶书 — 楷书 — 楷书简化字

谢（謝） 本义：辞去官职。从言，射声。篆书表示告辞离开如箭离弦。后引申出谢绝、感谢、谢罪、凋谢等词义。

能咏吟

吟

yín

小篆 — 隶书 — 楷书

吟 本义：吟咏；吟诵。后引申出呻吟、鸣叫、古代诗歌体裁的一种等词义。

彼女子

女

nǚ

甲骨文 — 金文 — 小篆 — 隶书 — 楷书

女　本义：女性；妇女。甲骨文、金文、小篆像屈膝交手的人形。古时因女人活动多在室内，屈膝交手是生活中常见姿态，故以此特征表示“女性”的“女”。后引申出女儿、你（古同“汝”）、女真等义。

且聪敏

聪（聰）

cōng

聪（聰） 本义：听而能审察是非真假。篆书从耳，囱声。囱古作“悤”。悤，心明。悤通“聰”。表示听力敏觉，心思明亮。后引申出聪敏、聪明、失聪、耳聪目明等词义。

尔男子

男

nán

甲骨文 — 金文 — 小篆 — 隶书 — 楷书

男 本义：男性；男人。从田从力。表示用耒（犁）在田中从事农耕。因古时农耕多为男子的事，故以此称男性。后引申出长男、男爵等词义。

当自警

警

jǐng

小篆 — 隶书 — 楷书

警 本义：告诫。从言，从敬，表示劝诫。后引申出警备、警报、警觉、警察等词义。

举神童

童

tóng

金文 — 小篆 — 隶书 — 楷书

童 本义：奴。古代男子有罪为“奴”，称“奴”作“童”。后专指未成年的仆人。如：书童、家童。后引申出儿童、童贞、童山等词义。

作正字

正

zhèng

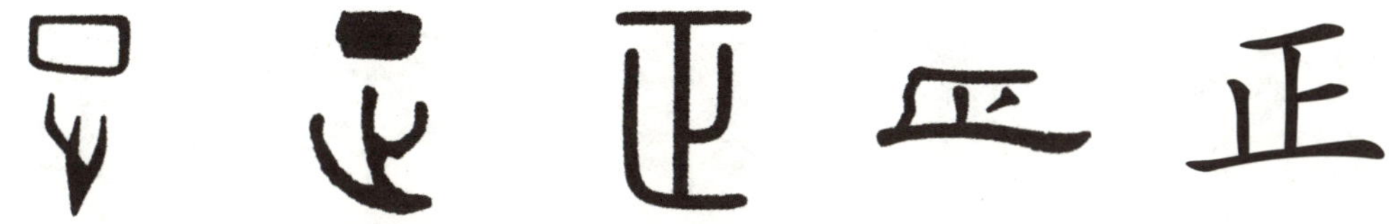

甲骨文 — 金文 — 小篆 — 隶书 — 楷书

正 本义：平正；不偏斜。从止，一以止。表示站在正中，直。后引申出正直、正中、正道、纯正、正面、端正、纠正、正法、正本、正数、正在等词义。正，又读 zhēng，有正月、箭靶中心（射正）等义。

彼虽幼

虽（雖）

suī

金文 — 小篆 — 隶书 — 楷书 — 楷书简化字

虽（雖） 本义：虫名，形似蜥蜴，有花纹且身体大。篆书从虫，唯声。后引申出虽然、即使等义。

身已仕

已

yǐ

甲骨文 — 金文 — 小篆 — 隶书 — 楷书

已　本义：止；停止。古同“巳”。巳，初为胎儿义。甲骨文、金文、小篆像胎儿形。表示怀胎已成，胎儿将降生。后引申出已经、已往等词义。古又通“目”。

尔幼学

尔(爾)

ěr

甲骨文—— 金文 —— 小篆 —— 隶书 —— 楷书 —— 楷书简化字

尔(爾) 本义:窗格花纹;疏朗。从冂从叕。冂(jiōng),门户。叕(lǐ),像窗格花纹形。篆书表示空明疏朗。后引申出尔曹、偶尔、尔耳、尔日、尔后、卓尔不群等词义。

勉而致

勉

miǎn

小篆 — 隶书 — 楷书

勉 本义：努力；尽力。从力，从免。免，有勉力的含义。后引申出勉励、勉强、赶快等义。

有为者

有

yǒu

甲骨文 — 金文 — 小篆 — 隶书 — 楷书

有　本义：持有，与“无”相对。甲骨文表示古人在祭祀、生产等活动中重视和利用牛，以畜牛为“有”义。金文、小篆像以手持肉形。后引申出具有、富有、有劳等词义。

亦若是

是

shì

金文 — 小篆 — 隶书 — 楷书

是 本义：正，直。篆书由“日”“正”二字构成，表示太阳的运行规律是自然法则，天下事物以日为正则曰“是”。后引申出实事求是、是非、凡是、是否等词义。

犬守夜

夜

yè

金文 — 小篆 — 隶书 — 楷书

夜 本义：夜晚。指从天黑到天亮的一段时间。如：每日每夜、夜幕、夜行、夜盲等。

鸡司晨

晨

chén

甲骨文 — 金文 — 小篆 — 隶书 — 楷书

晨 本义：早晨。指天将明时刻。如：晨星、凌晨等。甲骨文从辰从林。表示晨星（古代指日出之前出现在东方的金星或水星）升于草木丛之际，正是农民下田耕种的时刻。小篆从晶，辰声。

苟不学

苟

gǒu

小篆 — 隶书 — 楷书

苟 本义：草名；菜名。后引申出苟同、苟且、一丝不苟等词义。

曷为人

曷

hé

金文 — 小篆 — 隶书 — 楷书

曷 本义：疑问代词。相当于“何”“什么”。后引申出怎么、何时、何不等义。

蚕吐丝

吐

tǔ

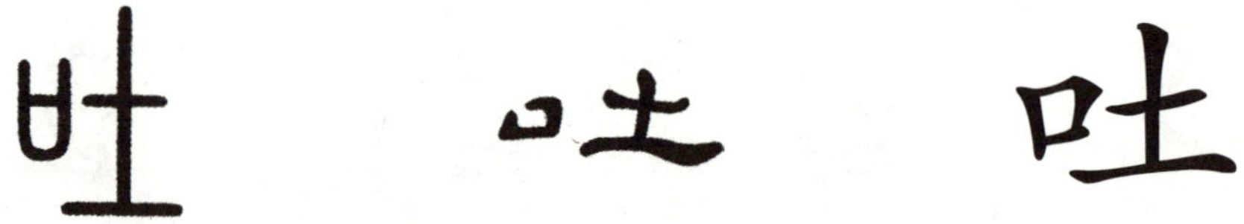

小篆 — 隶书 — 楷书

吐 本义：使东西从嘴里出来。如：吐痰。后引申出吐穗、吐字、吐架子（武术用语）等词义。吐，又读 tù，如：呕吐、吐出赃款等。

蜂酿蜜

蜜

mì

小篆 — 隶书 — 楷书

蜜 本义：蜂蜜。指蜜蜂酿造出的糖浆。后引申出甜蜜、糖蜜、蜜月等词义。

人不学 不如物

物

wù

甲骨文 — 小篆 — 隶书 — 楷书

物 本义：杂色牛。从牛，勿声。甲骨文表示牛为大物。后引申出事物、待人接物、空洞无物等词义。

幼而学 壮而行

壮（壯）

zhuàng

金文 — 小篆 — 隶书 — 楷书 — 楷书简化字

壮（壯） 本义：人体高大。从士，爿声。“士”为青壮年男子。“爿”为高墙，合起来表示物大而有力。后引申出强壮、雄壮、壮大、壮年、壮美、壮族等词义。

上致君

致

zhì

小篆 — 隶书 — 楷书

致 本义：送去；送到。从夊(suī)从至。夊，行动迟缓，表示缓慢达到。后引申出致富、招致、致力、导致、兴致、细致等词义。

下泽民

下

xià

甲骨文 — 金文 — 小篆 — 隶书 — 楷书

下 本义：底部，低下。甲骨文、金文、小篆字形表示有物在地的下面。后引申出下次、下级、下达、时下、下乡、下雨、定下、下棋、容下、攻下、退下等词义。

扬名声

声（聲）

shēng

甲骨文 — 金文 — 小篆 — 隶书 — 楷书 — 楷书简化字

声（聲） 本义：乐音。甲骨文像手持小锤叩击悬挂的石磬状。表示石磬振动发音传入耳中，听者言音为声。后引申出声明、名声、声调、声母等词义。

显父母

显（顯）

xiǎn

金文 — 小篆 — 隶书 — 楷书 — 楷书 简化字

显（顯） 本义：光明；明显。金文像人面在日下视丝形，表示日光下视丝呈显明之象。后引申出显露、显赫等词义。

光于前

前

qián

甲骨文 — 金文 — 小篆 — 隶书 — 楷书

前 本义：往前走；前进。甲骨文、金文、小篆从止（脚）在舟上，表示乘舟行进。后引申出前后、从前、前程、前线、前辈等词义。

垂于后

后（後）

hòu

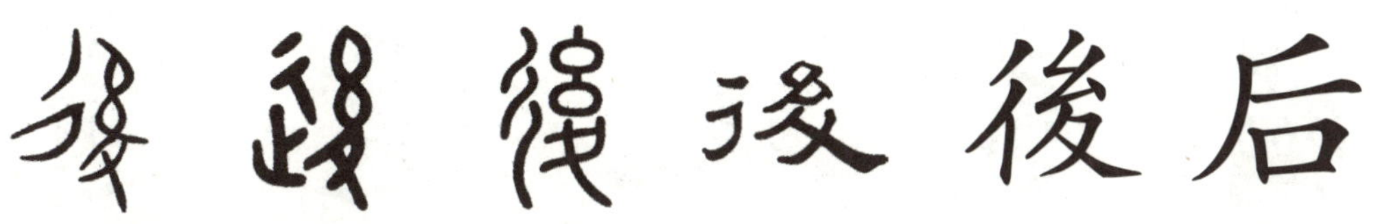

甲骨文 — 金文 — 小篆 — 隶书 — 楷书 — 楷书简化字

后（後） 本义：行动迟缓。甲骨文表示世系在后的意思。泛指时间较晚或位置在后的，与“先”或“前”相对。如：后面、后来、后世、后备、后代等。“后”字原指君主、皇后。今为“後”的简化字。

人遗子

遗(遺)

yí

金文 — 小篆 — 隶书 — 楷书 — 楷书简化字

遗(遺)　本义：丢失。金文、小篆字形表示手中的财物掉落走失。后引申出遗忘、路不拾遗、遗弃、遗迹、遗产、遗尿等词义。遗，又读 wèi，如：遗赠。

金满籝

满（滿）

mǎn

小篆 — 隶书 — 楷书 — 楷书简化字

满（滿） 本义：充盈；全部充实，没有余地。如：充满。后引申出满足、自满、满屋子、满高兴、饱满、满族等词义。

我教子

我

wǒ

甲骨文 — 金文 — 小篆 — 隶书 — 楷书

我 第一人称代词。甲骨文像兵器形，表示战士持兵器“我”出征，口发“我”音以壮军威。后引申出我们等词义。

惟一经

惟

wéi

金文 — 小篆 — 隶书 — 楷书

惟 本义：思考，想。金文像鸟形。小篆从心从隹。“隹”是短尾鸟，表示鸟儿本思寻。后引申出惟有、惟独等词义。“惟”也同“唯”。

勤有功

功

gōng

金文 — 小篆 — 隶书 — 楷书

功 本义：功绩；功业。从力，从工。表示用尽力量建设稳定的国家。后引申出事功、成功、功力、功率等词义。

戏无益

戏（戲）

xì

金文 — 小篆 — 隶书 — 楷书 — 楷书 简化字

戏（戲） 本义：古代宫中有人戴虎头面具持戈舞蹈。也是兵器名。后引申出游戏、戏弄、戏剧等义。戏，又读 hū，如：於戏（同“呜呼”）。

戒之哉

戒

jiè

甲骨文 — 金文 — 小篆 — 隶书 — 楷书

戒 本义：防备；戒备。甲骨文、金文、小篆像双手持戈，表示警戒。后引申出戒除、开戒、戒律、戒指等词义。

宜勉力

力

lì

甲骨文 — 金文 — 小篆 — 隶书 — 楷书

力　本义：体力；气力。甲骨文、金文、小篆像原始农具耒（犁）形。因用耒耕作须有力，故用为“气力”的“力”。后引申出力量、努力等词义。

《三字经》诵读识字（上册）

姜庆生　主编

山东大学出版社
·济南·

图书在版编目(CIP)数据

《三字经》诵读识字 / 姜庆生主编. —济南：
山东大学出版社，2021.5
ISBN 978-7-5607-7029-1

Ⅰ. ①三… Ⅱ. ①姜… Ⅲ. ①汉字—儿童读物
Ⅳ. ①H12-49

中国版本图书馆 CIP 数据核字(2021)第 106079 号

策划编辑 武迎新
责任编辑 武迎新
封面设计 滕正辉

出版发行 山东大学出版社
社　　址 山东省济南市山大南路 20 号
邮政编码 250100
发行热线 (0531)88363008
经　　销 新华书店
印　　刷 东港股份有限公司
规　　格 720 毫米×1000 毫米 1/16
　　　　 24.5 印张 310 千字
版　　次 2021 年 5 月第 1 版
印　　次 2021 年 5 月第 1 次印刷
定　　价 56.80 元

《〈三字经〉诵读识字》
编委会

主　　编　姜庆生
校　　订　姜宝昌　戴　月
参编人员　郑吉成　李起芳　韩登玲

前　言

每当听学生们齐声朗诵《三字经》时，总有如沐春风、享天籁之音的感觉。

《三字经》作为启蒙读本已有数百年历史，一直是流传最广、影响最大的蒙学教材之一。它不仅盛行于明清两代，而且时至今日仍以其独特的文化魅力拥有着广大的读者，并吸引着众多学者对它进行注释、补订和仿作。尤其在弘扬和传承优秀传统文化的当下，更是对学龄前儿童、小学生依然具有文化、伦理、自然、历史等层面的教育功能。

明刻赵南星《三字经注》本风行于世，历久弥新。其三言句式音律和美，抑扬顿挫，读之朗朗上口、悦耳动听。1086 字的篇幅言简意赅，最大限度地包含了自然、道德、伦理、义理、历史、人文典故等诸多知识。通俗易懂的语言和浅显明畅的文风更是体现了中华优秀传统文化对孩童的仁爱！

读书必先识字。应当以何种方法教习汉字呢？《三字经》里的一句话道出了方法，那就是“教之道，贵以专”。也就是说，要以专心的态度、专业的视角去识字。

每一个汉字的形态都是由笔画组成，一字一态，各具形貌。尽管汉字笔画的种类有很多种，但严格规范起来，主要有横、竖、撇、捺、折五种基本笔画。这五种基本笔画就像人之五官由眉、眼、鼻、口、耳组成，然而却千人千面，各具神采。

俗语有“知人知面不知心”，又有“日久见人心”。识字和识人的方法是相通的，应由表象探本质。“形、音、意”就是汉字的本质，三者浑然一体、不可分割。只有抓住汉字的本质进行探求，才能发现汉字的形态之美，才能感知到汉字无不与自然界万事万物、人类日常生活息息相关，才能领悟到汉字所触及的政治、经济、天文、地理、文史等各方面的奥义和故事。譬如“人”“大”“夫”“天”“立”五字，从表象上看它们之间是不是有着某种关联？各自在本质上又有着怎样的不同？古人在创字之初又是以怎样的智慧通过文字来表达心境的呢？从殷周时期的文字来探求或许能发现其中的奥秘。

“（人）”字的甲骨文像不像侧身俯首、弓背垂臂的人？这是正在劳作的人。人的一生只有辛勤劳作，才会丰衣足食。劳动创造美！

“（大）”字的甲骨文像不像四肢伸展、昂首挺胸的人？这是逐渐长大的人。人自出生起便有探知的欲望，总想尽力张开身体去感知世界。欲望无休止，便处事无所畏，甚至有时会自高自大！

“（夫）”字的甲骨文像不像头上插一小枝的人？这是束发插簪可以自食其力的成人。祈盼步入社会后能出人头地，从而坐享名利！

“（天）”字的甲骨文像不像人头顶上覆压着重物？这重物便是无边无际的天。人仰望深邃的夜空，星汉灿烂。宇宙的神秘和力的无穷，使人感到自身的能力原来如此渺小，心怀敬畏方可永生！

“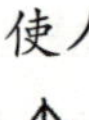（立）”字的甲骨文像不像自然而然站在地上的人？这是离不开土地的人。大地滋长着万物，人只有与万物和谐共生，才能延绵万代！

“人”“大”“夫”“天”“立”五个小小汉字就像天上星星闪耀着古人智慧的光芒，时时刻刻提醒着一代代后人：只有一生能敬畏天地、珍爱生命、勤劳自立者，才是真正的人。每一个简练的古文字都高度凝结着祖先用心体察事物的态度。通过“仰则观象于天，俯则观法于地。观鸟兽之文与地之宜，近取诸身，远取诸物”的方法始创文字，以表达明澈的情感和深沉的思想。

“我姬公，作周礼。”周礼规定：子弟初入学校，老师必须先教他们学习六书。东汉学者许慎在《说文解字》中说：“周礼八岁入小学，保氏教国子，先以六书。”所谓“六书”，一曰象形，二曰指事，三曰会意，四曰形声，五曰转注，六曰假借，是后人对古文字进行分析而归纳出来的最早的关于汉字构造的系统理论。由此，识字只有通过学习六书，才会真切感知到汉字的形体美和探知到其深厚的文化内涵。

作为教育者有责任把这一追本溯源的识字方法传承下去，以引导并激发学生们学习汉字和弘扬优秀传统文化的积极性。“凡训蒙，须讲究。”训蒙之事，以“讲究”为先。“讲”者，讲其字义之详；“究”者，究其精微之奥。俗话说“打铁还需自身硬”。书中简明而凝练的汉字释义，对从事教育工作的老师们应是有裨益的：从中汲取养分丰富学识，教起课来更能得心应手；课上深入浅出的讲解，必使学生们爱听、爱学，有助于提高识字兴趣，增强对《三字经》的记忆与理解。

本书以（明）赵南星注《三字经》为蓝本，按照从原文三言句式中，每句里选取一个常用汉字的方法，共辑录了356个常用汉字的篆、隶、楷及现今楷书简化字等书体，展示其演变过程，并对其本义、引申义作出释解。书中356个汉字的相关甲骨文、金文、小篆等书体以及每个字的解释都是在对《说文解字》《甲骨文大字典》《汉语大字典》《金文书法用字大字典》《现代汉语词典》等字书典籍反复斟酌的基础上汇编而成。尤其是此书经山东大学教授、古文字学家姜宝昌先生和著名书法家、古文字学家戴月先生细心审订后更显生动凝练。本人在此衷心感谢两位师长提供的富有真知灼见的指导和热情无私的帮助。愿这356个汉字化作一粒粒优质的种子，深深地根植在少儿们的心里，伴随他们茁壮成长，将中华优秀传统文化之精华弘扬传承下去！

姜庆生

2021年3月20日

目录

《三字经》

(宋)王应麟著　(明)赵南星注[①]

人之初　性本善　性相近　习相远
苟不教　性乃迁　教之道　贵以专
昔孟母　择邻处　子不学　断机杼
窦燕山　有义方　教五子　名俱扬
养不教　父之过　教不严　师之惰
子不学　非所宜　幼不学　老何为
玉不琢　不成器　人不学　不知义
为人子　方少时　亲师友　习礼仪
香九龄　能温席　孝于亲　所当执
融四岁　能让梨　弟于长　宜先知
首孝弟　次见闻　知某数　识某文
一而十　十而百　百而千　千而万
三才者　天地人　三光者　日月星
三纲者　君臣义　父子亲　夫妇顺
曰春夏　曰秋冬　此四时　运不穷

曰南北	曰西东	此四方	应乎中
曰水火	木金土	此五行	本乎数
曰仁义	礼智信	此五常	不容紊
稻粱菽	麦黍稷	此六谷	人所食
马牛羊	鸡犬豕	此六畜	人所饲
曰喜怒	曰哀惧	爱恶欲	七情具
匏土革	木石金	与丝竹	乃八音
高曾祖	父而身	身而子	子而孙
自子孙	至玄曾	乃九族	人之伦
父子恩	夫妇从	兄则友	弟则恭
长幼序	友与朋	君则敬	臣则忠
此十义	人所同	凡训蒙	须讲究
详训诂	明句读	为学者	必有初
小学终	至四书	论语者	二十篇
群弟子	记善言	孟子者	七篇止
讲道德	说仁义	作中庸	乃孔伋
中不偏	庸不易	作大学	乃曾子
自修齐	至平治	孝经通	四书熟
如六经	始可读	诗书易	礼春秋
号六经	当讲求	有连山	有归藏
有周易	三易详	有典谟	有训诰

有誓命　书之奥　我姬公　作周礼
著六官　存治体　大小戴　著礼记
述圣言　礼乐备　曰国风　曰雅颂
号四诗　当讽咏　诗既亡　春秋作
寓褒贬　别善恶　三传者　有公羊
有左氏　有穀梁　经既明　方读子
撮其要　记其事　五子者　有荀扬
文中子　及老庄　经子通　读诸史

考世系　知终始　自羲农　至黄帝
号三皇　居上世　唐有虞　号二帝
相揖逊　称盛世　夏有禹　商有汤
周文武　称三王　夏传子　家天下
四百载　迁夏社　汤伐夏　国号商
六百载　至纣亡　周武王　始诛纣
八百载　最长久　周辙东　王纲坠
逞干戈　尚游说　始春秋　终战国
五霸强　七雄出　嬴秦氏　始兼并
传二世　楚汉争　高祖兴　汉业建
至孝平　王莽篡　光武兴　为东汉
四百年　终于献　魏蜀吴　争汉鼎

号三国	迄两晋	宋齐继	梁陈承
为南朝	都金陵	北元魏	分东西
宇文周	与高齐	迨至隋	一土宇
不再传	失统绪	唐高祖	起义师
除隋乱	创国基	二十传	三百载
梁灭之	国乃改	梁唐晋	及汉周
称五代	皆有由	炎宋兴	受周禅
十八传	南北混	辽与金	皆称帝
元灭金	绝宋世	尽中国	为夷狄
明朝兴	再开辟	廿一史	全在兹
载治乱	知兴衰	读史者	考实录
通古今	若亲目	口而诵	心而惟
朝于斯	夕于斯	昔仲尼	师项橐
古圣贤	尚勤学	赵中令	读鲁论
彼既仕	学且勤	披蒲编	削竹简
彼无书	且知勉	头悬梁	锥刺股
彼不教	自勤苦	如囊萤	如映雪
家虽贫	学不辍	如负薪	如挂角
身虽劳	犹苦卓	苏老泉	二十七
始发愤	读书籍	彼既老	犹悔迟
尔小生	宜早思	若梁灏	八十二

对大廷　魁多士　彼既成　众称异
尔小生　宜立志　莹八岁　能咏诗
泌七岁　能赋棋　彼颖悟　人称奇
尔幼学　当效之　蔡文姬　能辨琴
谢道韫　能咏吟　彼女子　且聪敏
尔男子　当自警　举神童②　作正字
彼虽幼　身已仕　尔幼学　勉而致
有为者　亦若是　犬守夜　鸡司晨
苟不学　曷为人　蚕吐丝　蜂酿蜜
人不学　不如物　幼而学　壮而行
上致君　下泽民　扬名声　显父母
光于前　垂于后　人遗子　金满籝
我教子　惟一经　勤有功　戏无益
戒之哉　宜勉力

---

① 据现有文献可知明朝赵南星所撰《三字经注》是现存最早的《三字经》注释本，本书即取自该版本。

② 举神童：此句之前，清刻本有“唐刘晏，方七岁”六字。

三字經誦讀識字

戴月題

人之初

人

rén

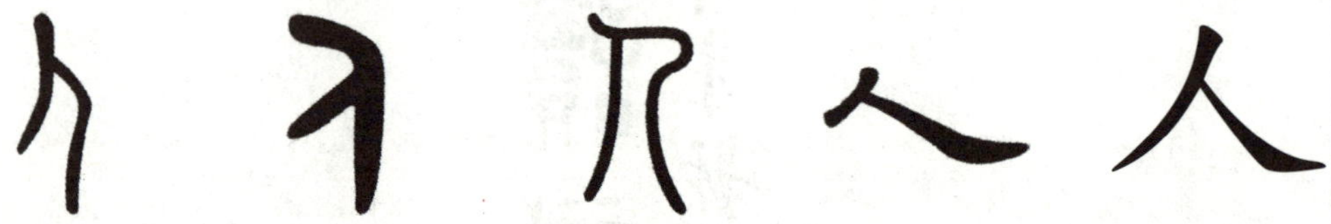

甲骨文 — 金文 — 小篆 — 隶书 — 楷书

人 本义：泛指人类。甲骨文、金文、小篆像人侧身站立，有头、躯干、手臂、腿胫形。后引申出别人、每人、人才、人品等词义。

性本善

本

běn

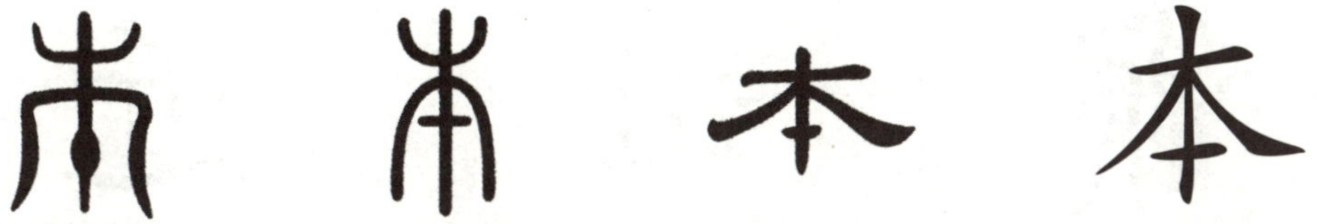

金文 — 小篆 — 隶书 — 楷书

本 本义：草木的根。金文以圆点表示草木的根部。后引申出根本、本能、本国、本钱、本子等词义。也作量词，如：一本书。

性相近

近

jìn

小篆 — 隶书 — 楷书

近 本义：附近。指空间或时间距离短。后引申出接近、近似、亲近等词义。

习相远

远（遠）

yuǎn

金文 — 小篆 — 隶书 — 楷书 — 楷书简化字

远（遠） 本义：遥远。指空间或时间距离长。后引申出差得远、远离等义。

苟不教

教

jiào

甲骨文 — 金文 — 小篆 — 隶书 — 楷书

教 本义:教化、教导。甲骨文、金文、小篆字形像手持小棍儿,反复训教孩子。后引申出管教、宗教等词义。教,又读jiāo,教学。

性乃迁

迁（遷）

qiān

小篆 — 隶书 — 楷书 — 楷书简化字

迁（遷） 本义：登，向上移。后引申出迁移、升迁、变迁等词义。

教之道

道

dào

金文 — 小篆 — 隶书 — 楷书

道 本义：道路。篆书从辵从首。辵(chuò)，行走。首，人头。表示人走在道路上。后引申出道理、道德、茶道、传道、知道、道士、道喜、一道题、河道等词义。

贵以专

专（專）

zhuān

甲骨文 — 金文 — 小篆 — 隶书 — 楷书 — 楷书简化字

专（專） 本义：纺专。纺织用的器具。甲骨文像用手转动“纺专”纺线状，表示心思集中在一件事上。后引申出专心、专政等词义。

昔孟母

母

mǔ

甲骨文 — 金文 — 小篆 — 隶书 — 楷书

母 本义：母亲。甲骨文、金文、小篆像女有二乳，表示母亲哺乳的样子。后引申出母系、母畜、母校等词义。

择邻处

邻(鄰)

lín

金文 — 小篆 — 隶书 — 楷书 — 楷书 简化字

邻(鄰) 本义：古代居民组织名，五家为邻，指住处接近的人家。如：邻居、邻国、街坊四邻等。

子不学

子

zǐ

甲骨文 — 金文 — 小篆 — 隶书 — 楷书

子 本义：幼儿。古代指儿、女。现在专指儿子。甲骨文、金文、小篆字形像幼儿在襁褓中两臂舞动的样子。后引申出子孙、男子、种子等词义。又借为地支的第一位。

断机杼

断（斷）

duàn

小篆 — 隶书 — 楷书 — 楷书 简化字

断（斷） 本义：截开；折断。小篆字形表示用斤（斧子）截断丝线。后引申出断绝、拦截、判断等义。

窦燕山

山

shān

甲骨文 — 金文 — 小篆 — 隶书 — 楷书

山　本义：地面上由土石构成的隆起部分。甲骨文像连绵起伏的山峰高耸并立形。如：崇山峻岭。后引申出像山一样的东西。如：冰山、山墙等。

有义方

义（義）

yì

甲骨文— 金文 — 小篆 — 隶书 — 楷书 — 楷书简化字

义（義） 本义：礼节；容貌；法度。古也同“仪”。甲骨文、金文、小篆从我、羊。表示自己的庄严的仪容举止要符合善道。后引申出正义、义务、情义、义父、义肢、意义等词义。

教五子

五

wǔ

甲骨文 — 金文 — 小篆 — 隶书 — 楷书

五 本义：交午，假借为数名。甲骨文、金文、小篆字形“＝”像横平，“X”像相交，表示水、火、木、金、土相克相生，在天地间相交错。后借用为数词的“五”。如：五个、五天、第五班等。

名俱扬

名

míng

甲骨文 — 金文 — 小篆 — 隶书 — 楷书

名 本义：名字。甲骨文、金文、小篆从夕从口。表示夜晚彼此看不清，以口报出自己的名字。后引申出名声、出名、名分等词义。

养不教

养（養）

yǎng

养（養） 本义：畜养；饲养。甲骨文、金文字形像用手持鞭而牧羊。小篆从食，羊声。后引申出供养、抚养、生养、培养等词义。

父之过

过（過）

guò

金文 — 小篆 — 隶书 — 楷书 — 楷书简化字

过（過） 本义：经过。篆书从辵，咼（guō）声。后引申出渡过、过去、过错、过目、超过等词义。

教不严

严（嚴）

yán

金文 — 小篆 — 隶书 — 楷书 — 楷书简化字

严（嚴） 本义：紧急；急迫。篆书从吅。吅（xuān），大声呼叫。表示情势紧急众人大声呼叫。后引申出严密、严格、严肃、严寒、家严等词义。

师之惰

师（師）

shī

甲骨文— 金文 — 小篆 — 隶书 — 楷书 — 楷书简化字

师（師） 本义：军队的编制单位，以两千五百人为师。篆书表示四帀众意。众必有长以率之教之，故又为师长字。后引申出教师、技师、师法、师范、禅师、师兄、班师等词义。

子不学

学（學）

xué

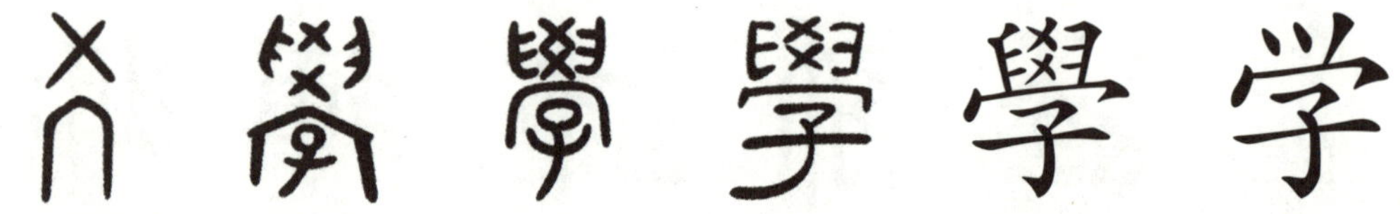

甲骨文— 金文 — 小篆 — 隶书 — 楷书 — 楷书简化字

学（學） 本义：学习；接受教育。篆书字形表示手把手教孩子学习成长。后引申出学问、学校、学科等词义。

非所宜

非

fēi

甲骨文 — 金文 — 小篆 — 隶书 — 楷书

非 本义：违，违背。甲骨文、金文、小篆字形如鸟儿翅膀左右展开状，表示鸟飞双翅必相背的样子。后引申出错误、不合于、反对、不是、必须等义。

幼不学

幼

yòu

甲骨文 — 金文 — 小篆 — 隶书 — 楷书

幼 本义：年纪小，人生十年曰幼。从幺（小）从力。表示年少力微。后引申出幼儿、幼苗、爱护、嫩弱等义。

老何为

老

lǎo

甲骨文 — 金文 — 小篆 — 隶书 — 楷书

老 本义：年纪大。七十曰老。甲骨文、金文、小篆字形如老人倚杖状。后引申出老练、历时长久的、衰弱、陈旧等义。

玉不琢

玉

yù

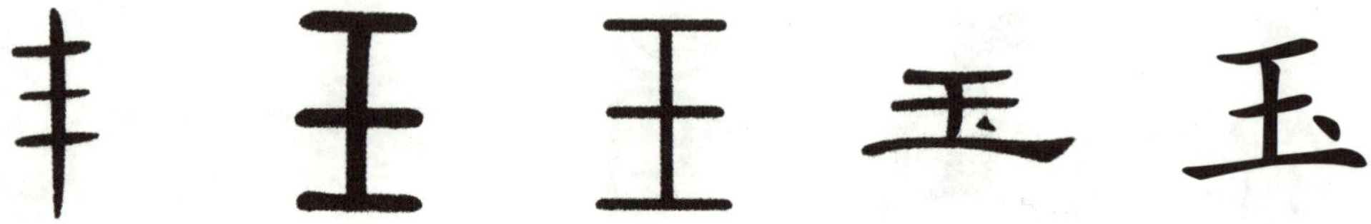

甲骨文 — 金文 — 小篆 — 隶书 — 楷书

玉　本义：美石。指一种温润而有光泽的石头。甲骨文、金文、小篆字形表示三块美玉以绳贯连在一起。后引申出玉颜、玉成、玉照等词义。

不成器

器

qì

金文 — 小篆 — 隶书 — 楷书

器 本义：器具。如：瓷器；木器；容器。篆书字形像一只“汪汪”叫着的狗看守很多器具，表示器物贵重。后引申出才能、人才、器量、器官、器重等义。

人不学 不知义

不

bù

甲骨文 — 金文 — 小篆 — 隶书 — 楷书

不 本义：花萼足，即枝上的花托儿。后借为否定词。如：不是、不吃、不去、不做等。

为人子

为（爲）

wéi

甲骨文 — 金文 — 小篆 — 隶书 — 楷书 — 楷书简化字

为（爲） 本义：助作；制作。甲骨文、金文字形表示手牵象以助劳役。后引申出作为、成为、认为等词义。为，又读 wèi，有因为、给、替等义。

方少时

少

shào

甲骨文 — 金文 — 小篆 — 隶书 — 楷书

少 本义:数量小。读 shǎo。甲骨文的"少"字是在"小"字三个点的基础上加一个点,表示形小量少。后引申出缺少、亏欠、少候等词义。少,又读 shào,有年纪轻等义,如少年、少女。

亲师友

友

yǒu

甲骨文 — 金文 — 小篆 — 隶书 — 楷书

友 本义：互助合作。甲骨文、金文、小篆字形如两手相向状。表示相互合作的人为友。后引申出友好、友爱、友邦等词义。

习礼义

习（習）

xí

甲骨文— 金文 — 小篆 — 隶书 — 楷书 — 楷书简化字

习（習） 本义：幼鸟白日练习飞翔。甲骨文、金文、小篆字形表示鸟儿白天反复地展翅学飞翔。后引申出学习、习见、习惯等词义。

香九龄

九

jiǔ

甲骨文 — 金文 — 小篆 — 隶书 — 楷书

九 本义：数词。甲骨文、金文像手臂弯节形，用为数字。表示臂节能屈能伸，可探究，故“九”训为“究”。后引申出多数、多次等义。如：九霄、九州、九牛一毛、九死一生等。

能温习

温

wēn

小篆 — 隶书 — 楷书

温　本义：古水名。从水，昷(wēn)声。“昷”，仁爱、温和义。后引申出不冷不热、温度、温柔、温习等义。

孝于亲

于

yú

甲骨文 — 金文 — 小篆 — 隶书 — 楷书

于 本义：往；去。甲骨文像大圆规在移动形，表示所在。小篆从丂（kǎo）从一。后引申出取、好像、在、向、给、对于、自、于是等义。

所当执

所

suǒ

金文 — 小篆 — 隶书 — 楷书

所 本义：伐木声。从斤从户。斤，古代砍物的工具，即斧。金文、小篆字形表示砍伐树木之所在。后引申出处所、派出所、所有、所以等词义。

融四岁

融

róng

甲骨文 — 金文 — 小篆 — 隶书 — 楷书

融 本义：炊气上升。甲骨文、金文或从土，表示地面水气向上蒸发。小篆从鬲，蟲省声。鬲（lì），古代炊器。后引申出融化、融合、金融等词义。

能让梨

让（讓）

rànɡ

金文 — 小篆 — 隶书 — 楷书 — 楷书简化字

让（讓） 本义：责备。从言，襄声。篆书表示用言语相责让。也表示不争，尽着旁人。后引申出谦让、退让、转让、邀请、忍让等词义。又作介词，相当于“被”。

弟于长

弟

dì

甲骨文 — 金文 — 小篆 — 隶书 — 楷书

弟 本义：次序；次第。甲骨文、金文、小篆像绳索捆束在弋（木桩）上，一圈圈有次序地围绕。后引申出弟弟、徒弟等词义。古又同“悌”，指敬顺兄长。

宜先知

宜

yí

甲骨文 —— 金文 —— 小篆 —— 隶书 —— 楷书

宜 本义：祭名。祭祀土地之神。甲骨文、金文、小篆像肉在俎上状。“俎”，行礼时盛放牲体的器具。后引申出适宜、应当等义。

首孝弟

首

shǒu

甲骨文 — 金文 — 小篆 — 隶书 — 楷书

首 本义：头。甲骨文、金文、小篆像人头有发状。后引申出首先、自首、首领、首都、一首诗等词义。

次见闻

见(見)

jiàn

甲骨文— 金文 — 小篆 — 隶书 — 楷书 — 楷书简化字

见(見) 本义:看到;看见。甲骨文、金文、小篆像人瞪目平视有所看见形。后引申出遇见、见效、会见、见识、见谅等词义。见,又读 xiàn,同“现”。

知某数

某

mǒu

金文 — 小篆 — 隶书 — 楷书

某　本义：酸果。金文、小篆像木上结果实形。即今酸果“梅”字。后指一定的或不定的人、地、事、物。如：某人、某地、解放军某部等。

识某文

识(識)

shí

金文 — 小篆 — 隶书 — 楷书 — 楷书简化字

识(識) 本义:旗帜。读 zhì。后作"幟"。金文、小篆表示旗帜上有标记。后引申出记住、款识等义。识,又读 shí。有认识、知识、意识、相知的朋友等义。

一而十

一

yī

甲骨文 — 金文 — 小篆 — 隶书 — 楷书

一　本义：数目词。是原始记数符号。甲骨文、金文、小篆用积画成数的方式表示数字“一”。后引申出同一、另一、专一、一旦、全等义。

十而百

而

ér

甲骨文 — 金文 — 小篆 — 隶书 — 楷书

而 本义：颊毛。指颔下胡须。甲骨文、金文、小篆字形像颔下垂须毛的样子。后引申出你、你的等义。也可以用作连词，如：而且、而今、而后、而立等。

百而千

千

qiān

甲骨文 — 金文 — 小篆 — 隶书 — 楷书

千　本义：数目词。十个百为千。甲骨文、金文、小篆从一，人声。以一加于人，借人声为千。后表示多。如：千方百计、成千上万、千里之行等。

千而万

万（萬）

wàn

甲骨文— 金文 — 小篆 — 隶书 — 楷书 — 楷书简化字

万（萬） 本义：虫名，蝎。甲骨文、金文、小篆像蝎子形。后借蝎的象形文为数名词，表示千的十倍。又引申出极多、极等义。如：万事万物、万全等。

三才者

才

cái

甲骨文 — 金文 — 小篆 — 隶书 — 楷书

才　本义：草木初生。甲骨文、金文、小篆从“丨”，向上贯穿“一”。表示草木初生时，像从地下刚刚冒出的样子。后引申出天才、才能、有才能的人等义。才，又同“纔”，今为“纔”的简化字。如：刚纔（才）、纔（才）有。

天地人

天

tiān

甲骨文 — 金文 — 小篆 — 隶书 — 楷书

天 本义：人的额部；脑袋。甲骨文、金文、小篆像突出头顶的正面人形。表示人的头顶以上为天。后引申出天空、天象、天性、天窗、天数、天堂等词义。

三光者

光

guāng

甲骨文 — 金文 — 小篆 — 隶书 — 楷书

光 本义：明亮；发光。甲骨文、金文、小篆像火在人上。表示火光照在物体上，使人能看清。后引申出光线、时光、光彩、光大、光滑、精光等词义。

日月星

日

rì

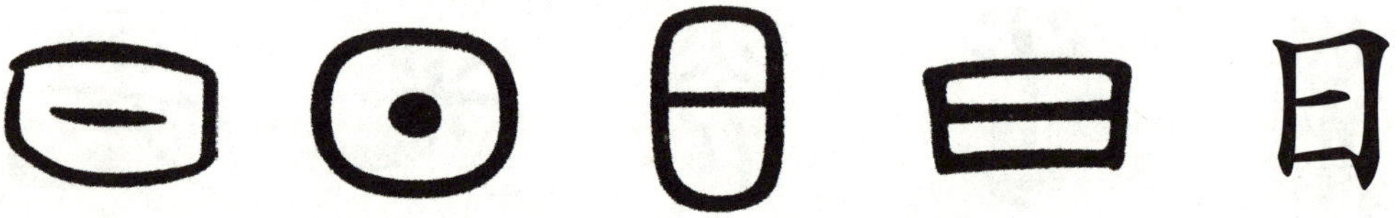

甲骨文 — 金文 — 小篆 — 隶书 — 楷书

日 本义：太阳。甲骨文、金文象形。小篆将中间一点变为一横。后引申出每日、他日、往日、生日等词义。

三纲者

三

sān

甲骨文 — 金文 — 小篆 — 隶书 — 楷书

三 本义：数词。是原始记数符号。甲骨文、金文、小篆以积画成数的方式表示数字“三”。后引申出多数或多次等义。如：三番五次、举一反三等。

君臣义

臣

chén

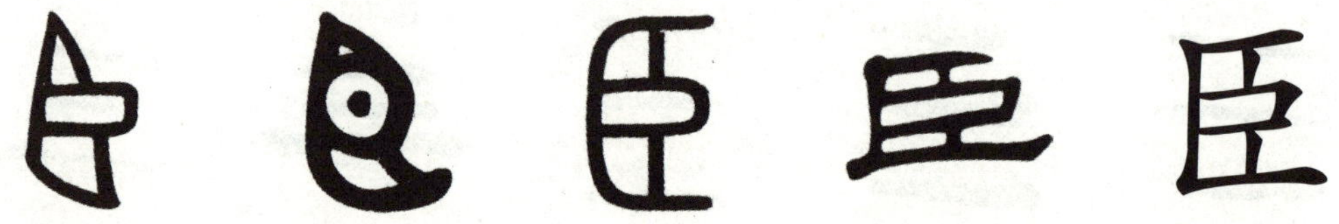

甲骨文 — 金文 — 小篆 — 隶书 — 楷书

臣 本义：战俘。甲骨文、金文、小篆像一竖目之形。表示屈服者。后引申出大臣、臣服、认罪等义。

父子亲

亲（親）

qīn

亲（親） 本义：感情深厚，关系密切。金文、小篆从見，亲声。表示人之间亲近。后引申出父母亲、亲戚、定亲、亲自、亲嘴等义。亲，又读 qìng，如亲家、亲家公等。

夫妇顺

顺（順）

shùn

金文 — 小篆 — 隶书 — 楷书 — 楷书简化字

顺（順） 本义：道理；合理。从川从頁。“頁”，人头。金文、小篆字形表示人思虑顺畅，心无郁结。后引申出依顺、和顺、顺风、顺心、通顺、顺序、顺便、顺利等词义。

曰春夏

曰

yuē

甲骨文 — 金文 — 小篆 — 隶书 — 楷书

曰　本义：说。甲骨文、金文、小篆都从口，上加一短横表示说话时气从口出。后引申出叫做等义。

曰秋冬

冬

dōng

甲骨文 — 金文 — 小篆 — 隶书 — 楷书

冬 本义：最后，终了。甲骨文像丝绳两端束结，表示终端之意。小篆从仌从夂。仌（bīng），古同“冰”。夂（zhōng），古“终”字。后引申出冬季、冬月等词义。

此四时

时（時）

shí

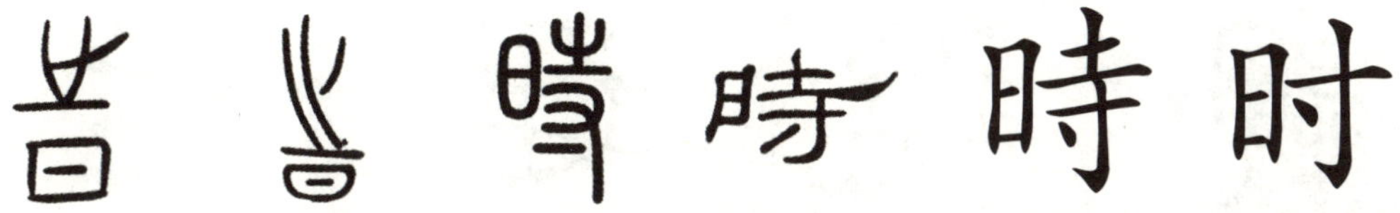

甲骨文 — 金文 — 小篆 — 隶书 — 楷书 — 楷书简化字

时（時） 本义：季度，时节。甲骨文、金文从之从日。表示太阳运行，天有春夏秋冬四时。小篆变为从日，寺声。后引申出时辰、时候、时代、时机、时尚、时常、时事等词义。

运不穷

运(運)

yùn

小篆 — 隶书 — 楷书 — 楷书 简化字

运(運) 本义：移动，运行。小篆从辵(chuò)从军。表示军队调防。后引申出运转、运送、运用、命运等词义。

曰南北

北

běi

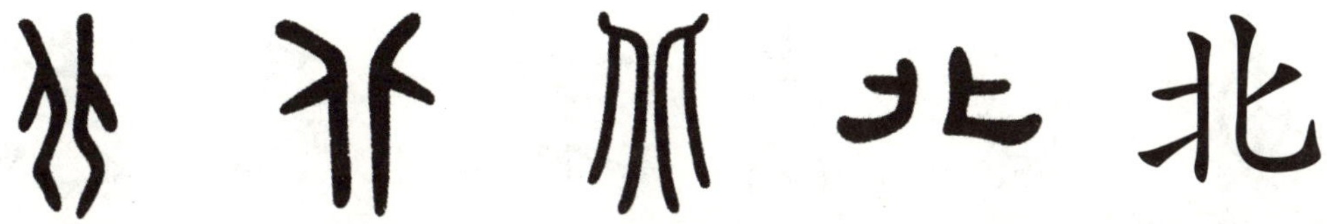

甲骨文 — 金文 — 小篆 — 隶书 — 楷书

北 本义：相背。甲骨文、金文、小篆像二人背对背形，表示人体脊背。因中原以北地区的建筑物多背北向南，故为北方的“北”。后引申出北面、败北、北国等词义。

曰西东

东(東)

dōng

甲骨文— 金文 — 小篆 — 隶书 — 楷书 — 楷书简化字

东(東) 本义:太阳升起的方向。甲骨文、金文、小篆像囊中有物结起两端之状。后世借为“东西”“东方”的“东”。后引申出东家、东道主等词义。

此四方

方

fāng

甲骨文 — 金文 — 小篆 — 隶书 — 楷书

方 本义：并；并排。甲骨文、金文像耒形。耒，读 lěi。古代翻土农具，即“犁”。古人秉耒耦（即偶，并之义）耕，刺土曰“推”，起土曰“方”。表示“四方”的“方”。后引申出方向、方形、比方、地方、方圆、方面、方正、方法、平方、立方、药方、方才等词义。

应乎中

中

zhōng

甲骨文 — 金文 — 小篆 — 隶书 — 楷书

中 本义：内，里面。甲骨文、金文字形如在空旷场地中央竖立一杆旗帜。古时有大事，聚众施令前先立旗帜。群众望旗立，就自四方向中央之地会集而受令。后引申出中央、中心、中正、中间、中用、中国等词义。中，又读 zhòng，如：中选、中暑。

曰水火

水

shuǐ

甲骨文 — 金文 — 小篆 — 隶书 — 楷书

水 本义：河水，水流。甲骨文、金文、小篆像水流动的样子。后引申出洪水、水平、雨水、口水、贴水、水货等词义。

木金土

木

mù

甲骨文 — 金文 — 小篆 — 隶书 — 楷书

木 本义：树木。甲骨文、金文、小篆像棵有枝、干、根的树。后引申出木材、棺木、麻木、木讷等词义。

此五行

行

xíng

甲骨文 — 金文 — 小篆 — 隶书 — 楷书

行 本义：道路。甲骨文、金文、小篆像四通八达的十字街道。后引申出行走、行动、运行、行程、流行、行为、行商、执行等词义。行，又读 háng，如：单行、排行、银行、行家等。

本乎数

数（數）

shù

金文 — 小篆 — 隶书 — 楷书 — 楷书简化字

数（數） 本义：计算；点数。读 shǔ。金文从言。表示逐一说出数目。小篆从攴。攴（pū），敲击。后引申出数落等词义。数，又读 shù，如：数目、数学、数人、历数、礼数、劫数等。数，又读 shuò，有频数、紧凑、亲近等义。

曰仁义

仁

rén

金文 — 小篆 — 隶书 — 楷书

仁　本义：对人亲善，仁爱。金文、小篆字形表示两人相亲。古代“仁”是含义极广的道德范畴，其核心是爱人，与人相亲。后引申出仁兄、仁丹、麻木不仁等词义。

礼智信

信

xìn

金文 — 小篆 — 隶书 — 楷书

信 本义：诚实；不欺。从人从言。表示人的言论应当是诚实的。后引申出信任、确信、信用、信仰、信号、信件、引信、信步、信石等词义。

此五常

常

cháng

金文 — 小篆 — 隶书 — 楷书

常　本义：裙子，古同“裳”，后另创裳字。后来引申出常规、伦常、经常、时常等词义。

不容紊

容

róng

金文 — 小篆 — 隶书 — 楷书

容 本义：盛载；容纳。从宀从谷。宀(mián)，房屋。篆书表示屋与山谷皆可盛受。后引申出宽容、容许、从容、容貌、笑容、军容等词义。

稻粱菽

稻

dào

甲骨文 — 金文 — 小篆 — 隶书 — 楷书

稻 本义：禾的总称。分水稻和旱稻。重要的粮食作物之一。甲骨文、金文、小篆字形像稻在臼中将舂(chōng)状。

麦黍稷

麦（麥）

mài

甲骨文 — 金文 — 小篆 — 隶书 — 楷书 — 楷书简化字

麦（麥） 本义：麦子，谷类作物。甲骨文、金文、小篆皆像一株有芒、穗、根的麦子形。我国栽培的麦类很多，有小麦、大麦、黑麦、燕麦等，其中以小麦种植最为普遍。

此六谷

谷（穀）

gǔ

金文 — 小篆 — 隶书 — 楷书 — 楷书简化字

谷（穀） 本义：庄稼和粮食的总称。如：五谷丰登。金文字形表示击谷物而脱壳。“谷”字本为“山谷”的“谷”，今借为“穀”的简化字。

人所食

食

shí

甲骨文 — 金文 — 小篆 — 隶书 — 楷书

食 本义：饭食。甲骨文、金文、小篆字形表示带盖的盛食物的陶制或铜制器具里装满香喷喷的饭。后引申出粮食、食物、食用、食言、日食等词义。食，又读 sì，有供养、喂养等义。

马牛羊

马（馬）

mǎ

甲骨文 — 金文 — 小篆 — 隶书 — 楷书 — 楷书简化字

马（馬） 本义：牲畜名。甲骨文、金文、小篆像马的头部、鬃毛、尾巴、四条腿的样子。后引申出马蜂、马虎、马脚等义。

鸡犬豕

鸡（鷄）

jī

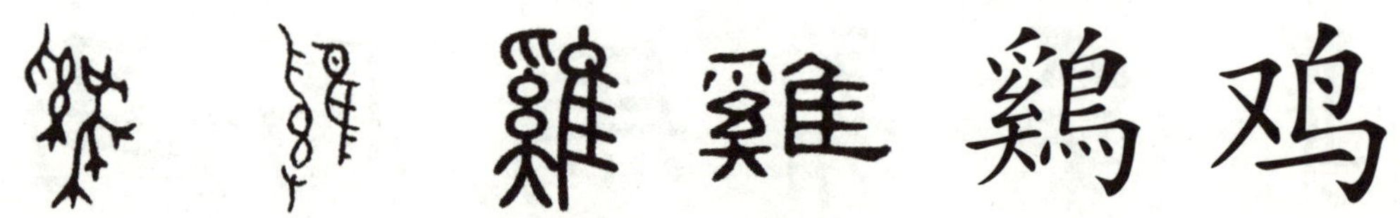

鸡（鷄） 本义：知时鸟；家禽。甲骨文像禽鸟形。金文、小篆从隹（zhuī），奚声。鷄，古也作“雞”，因鸟、隹都是鸟（鸟，长尾。隹，短尾）。

此六畜

畜

chù

甲骨文 — 金文 — 小篆 — 隶书 — 楷书

畜 本义：人所饲养的禽兽。从玄从田。甲骨文、金文、小篆字形表示田猎所得禽兽，用丝绳拘系而饲养。养之曰“畜”，用之曰“牲”。如：牲畜、家畜。畜，又读 xù。后引申出畜养、驯服、收容等义。

人所饲

饲（飼）

sì

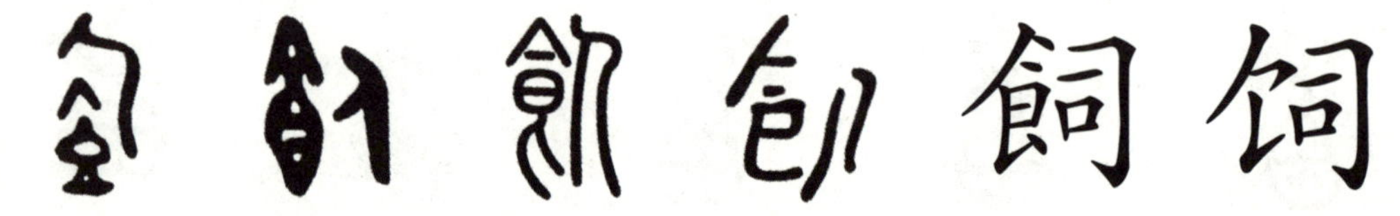

甲骨文— 金文 — 小篆 — 隶书 — 楷书 — 楷书简化字

饲（飼） 本义：给人或畜吃。甲骨文、篆书“飼”同“飤”。从人从食，表示人吃饭食。后作“飼”，指喂家畜、家禽的食物。后引申出饲养、饲料等词义。

曰喜怒

喜

xǐ

甲骨文 — 金文 — 小篆 — 隶书 — 楷书

喜　本义：快乐；喜悦。从口从壴。壴（zhù），是“鼓”字的初文，象形。甲骨文、金文、小篆字形表示人们在庆祝活动中，边听着鼓乐声，边谈笑。如：喜笑颜开、欢喜若狂。后引申出喜讯、有喜、贺喜、喜欢、喜光等词义。

曰哀俱

哀

aī

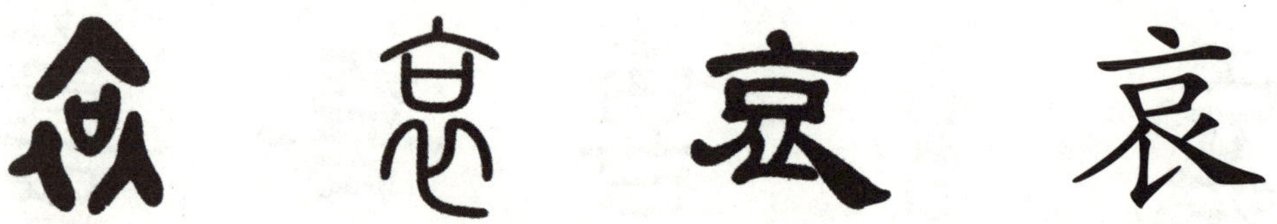

金文 — 小篆 — 隶书 — 楷书

哀 本义：怜悯。篆书从口从衣，表示以衣掩口，心怀伤念。后引申出悲哀、哀悼、哀告等词义。

爱恶欲

爱（愛）

aì

金文 — 小篆 — 隶书 — 楷书 — 楷书简化字

爱（愛） 本义：仁爱。金文作“炁”（aì）。古以“炁”为“慈爱”义，指对人或事物用心来表达真挚的感情。小篆“愛”，本义为行貌。今字假“愛”为“炁”。后引申出爱国、爱好、爱惜、友爱、爱哭等词义。

七情具

情

qíng

小篆 — 隶书 — 楷书

情　本义：感情；情绪。小篆从心，青声。表示情发于本心。后引申出性情、情面、爱情、情欲、情况、情理、情趣、事情、尽情等词义。

匏土革

革

gé

金文 — 小篆 — 隶书 — 楷书

革 本义：加工去毛的兽皮。金文字形像用手剥有头、角、足、尾的兽的皮。表示制皮革。后引申出皮革、革新、革职、革类乐器、训革等词义。

木石金

石

shí

石 本义：山石；岩石。甲骨文、金文、小篆字形表示山崖下的石块。在古代，人类常采用石头来制造便于生活和劳动的工具。如：石斧、石锅、石磬。石，又读 dàn，容量单位，一石是十斗，相当于一百升。

与丝竹

丝(絲)

sī

甲骨文— 金文 — 小篆 — 隶书 — 楷书 — 楷书简化字

丝(絲) 本义：蚕丝，制作丝绸绢帛等织物的原料。甲骨文、金文、小篆像两束丝的样子。后引申出丝织物、铁丝、弦乐器、丝毫不差、量词(表示长度、质量或重量的单位)等义。

乃八音

音

yīn

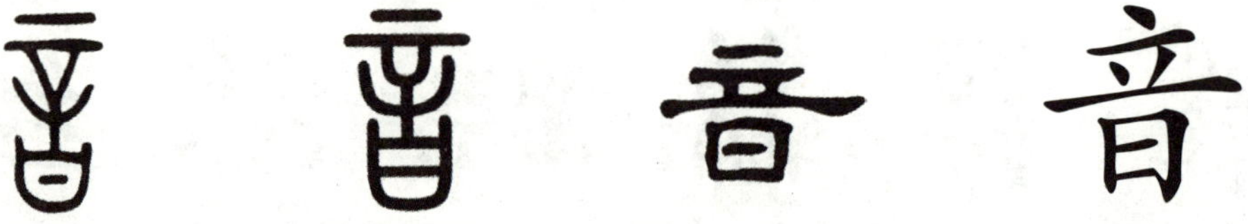

金文 — 小篆 — 隶书 — 楷书

音 本义：声音。金文、小篆从言，含一。表示声音从口中发出。后引申出乐音、字音、口音、音信等词义。

高曾祖

高

gāo

甲骨文 — 金文 — 小篆 — 隶书 — 楷书

高 本义：由下至上距离大；离地面远。如：高楼大厦。甲骨文、金文、小篆字形如建筑物高耸的样子。后引申出高度、高处、高级、高见、高祖、高尚、高兴、高温、提高、崇高、高深等词义。

父而身

父

fù

甲骨文 — 金文 — 小篆 — 隶书 — 楷书

父 本义：父亲。甲骨文、金文、小篆像手持石斧状。远古时代父亲手持石斧从事劳作。石斧是力量与勇敢的象征，持有石斧的人是值得敬重的人。后引申为对男性长辈的通称，如：祖父、伯父、舅父等。父，又读 fǔ，有父老、渔父等义。

身而子

身

shēn

甲骨文 — 金文 — 小篆 — 隶书 — 楷书

身 本义：身孕；胎。甲骨文、金文、小篆字形像挺着大肚子的人。表示怀孕。后引申出身体、本身、终身、修身、献身、身份、车身、一身衣裳等词义。

子而孙

孙(孫)

sūn

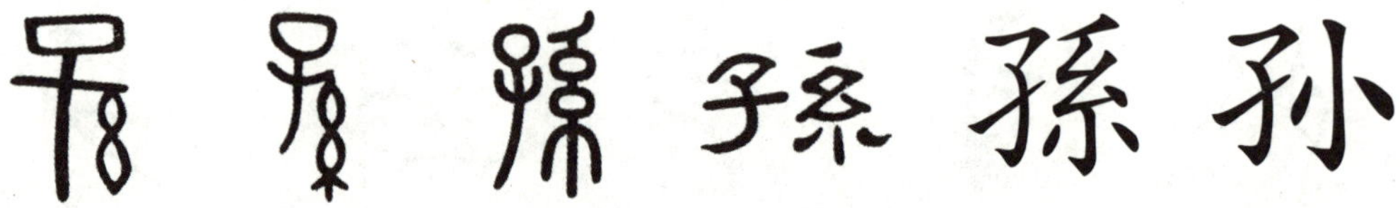

甲骨文 — 金文 — 小篆 — 隶书 — 楷书 — 楷书简化字

孙(孫) 本义：儿子的儿子。甲骨文、金文从子从糸。糸(mì)，细丝。小篆从子从系。表示父子相继为世，其子子孙孙如结绳一样连绵不绝。后引申出曾孙、外孙、稻孙(植物再生或孳生的)等词义。

自子孙

自

zì

甲骨文 — 金文 — 小篆 — 隶书 — 楷书

自 本义：鼻子。甲骨文、金文、小篆像人的鼻子。人在表达自我时，爱用手指着自己的鼻子。后引申出开头、自己、自然、自古等义。

至玄曾

玄

xuán

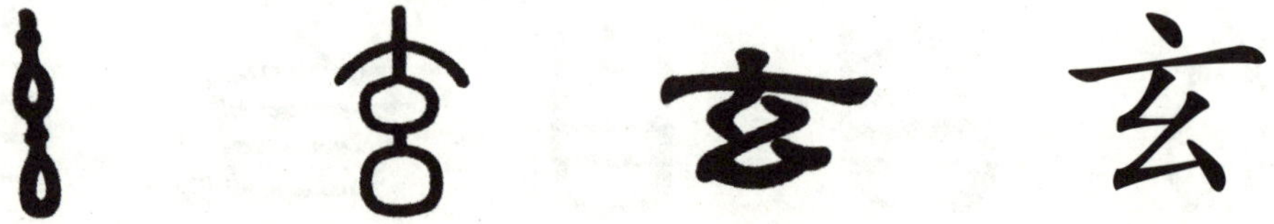

金文 — 小篆 — 隶书 — 楷书

玄 本义：赤黑色。金文、小篆像一束悬挂起来的丝，表示丝悬长而幽隐。古，“玄”通“懸”（悬）。后引申出幽远、玄奥、玄孙、玄天、玄虚、玄达等词义。

乃九族

族

zú

甲骨文 — 金文 — 小篆 — 隶书 — 楷书

族 本义：氏族，家族。指有血缘关系的亲属合称。甲骨文、金文、小篆字形表示同一氏族人在旗帜召聚下，组成战斗单位，用箭狩猎或战场杀敌。如：汉族、回族。后引申出水族、追星族等词义。

人之伦

伦(倫)

lún

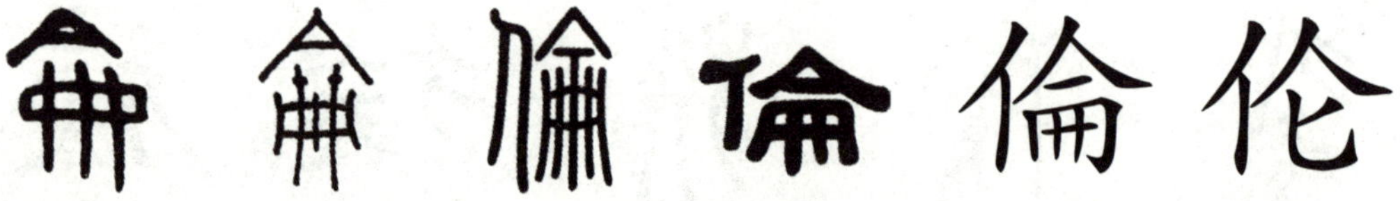

甲骨文— 金文 — 小篆 — 隶书 — 楷书 — 楷书简化字

伦(倫) 本义:辈,同类。甲骨文、金文“侖”通“倫”。小篆从人,从侖。表示人的思路有条理、有次序。后引申出伦理、伦次等词义。

父子恩

恩

ēn

小篆 — 隶书 — 楷书

恩 本义:恩惠。后引申出恩爱、施恩、千恩万谢等词义。

夫妇从

从（從）

cóng

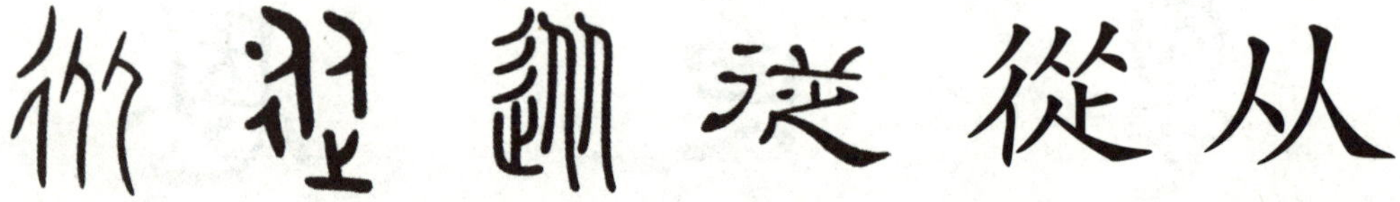

甲骨文 — 金文 — 小篆 — 隶书 — 楷书 — 楷书简化字

从（從） 本义：随行，跟随。甲骨文、金文、小篆像二人相随而行。后引申出听从、侍从、从事、从简、从属、从小、从来、从兄等词义。

兄则友

兄

xiōng

甲骨文 — 金文 — 小篆 — 隶书 — 楷书

兄 本义：哥哥。甲骨文、金文、小篆像一个人张口讲话，表示言多话长。后引申出兄长、仁兄、表兄等词义。

弟则恭

恭

gōng

甲骨文 — 金文 — 小篆 — 隶书 — 楷书

恭 本义：肃静，恭敬，“恭”字古原作“龏”。甲骨文、金文字形表示双手奉物敬拜龙。小篆从心，共声。后引申出恭行、恭维等词义。

长幼序

长（長）

zhǎng

甲骨文 — 金文 — 小篆 — 隶书 — 楷书 — 楷书简化字

长（長） 本义：头发长。读 cháng。甲骨文、金文像长发老人拄杖状。因古人有不理发的习俗，故表示年老发长。后引申出长久、延长、擅长、长处、长度等义。长，又读 zhǎng，如：年长、长辈、长见识、长子、首长、生长、长满等。

友与朋

朋

péng

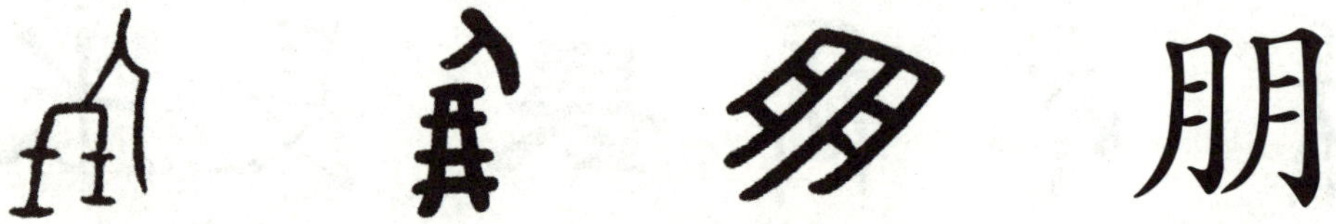

甲骨文 — 金文 — 隶书 — 楷书

朋 本义：古代货币单位。甲骨文、金文皆作“倗”，“倗友”之专字。字形像人持贝玉的样子，有辅助、委托的含义。小篆无朋字。倗，后借“朋”为“朋友”之“朋”字。引申出朋友、朋党、朋心和力、硕大无朋等词义。

君则敬

君

jūn

甲骨文 — 金文 — 小篆 — 隶书 — 楷书

君 本义：君主，国君。古代指地位高的统治者。甲骨文、金文、小篆字形表示手持权杖且能发号施令的人。后指人格高尚者。如：正人君子。

臣则忠

忠

zhōng

金文 — 小篆 — 隶书 — 楷书

忠 本义：尽心竭力，忠诚无私。篆书从心从中。表示敬意由衷而发。后引申出忠厚、忠良等词义。

此十义

此

cǐ

甲骨文 — 金文 — 小篆 — 隶书 — 楷书

此 本义：表示近指的代词。相当于“这”“这个”“这样”。从止从人。甲骨文、金文、小篆字形表示人所在的地方。

人所同

同

tóng

甲骨文 — 金文 — 小篆 — 隶书 — 楷书

同 本义：会合，聚集。甲骨文、金文从凡从口，表示众人同一口令协调行动。后引申出相同、共同、一同、同时、跟等义。同，又读 tòng，如：胡同。

凡训蒙

凡

fán

甲骨文 — 金文 — 小篆 — 隶书 — 楷书

凡 本义：概括，纲要。甲骨文、金文像高圈足盘形。为“盘”(pán)字的初文。表示盘子可聚容众物，有总括的意思。后引申出凡是、平凡、凡世等词义。

须讲究

须(須)

xū

须(須) 本义：胡须。从頁(人头)，从彡(须毛)。金文、小篆像人脸上长胡子的样子。后引申出必须、花须、须根等词义。

详训诂

诂（詁）

gǔ

金文 — 小篆 — 隶书 — 楷书 — 楷书 简化字

诂（詁） 本义：用通行的话解释古代语言文字或方言字义。如：释诂、解诂。

明句读

句

jù

甲骨文 — 金文 — 小篆 — 隶书 — 楷书

句 本义:曲,弯曲。原读 gōu,同“勾”。篆书字形表示物体曲折且相互纠缠。今另作“勾”。现读 jù,如:句子(由词和词组构成的、能够表达完整的意思的话)。也作量词用,如:两句话。

为学者 必有初

初

chū

甲骨文 — 金文 — 小篆 — 隶书 — 楷书

初 本义：开始。从刀从衣。甲骨文、金文、小篆字形像用刀裁割衣服的样子。表示用刀裁布是制衣的起始。后引申出当初、初级、初生、初心等词义。

小学终

终（終）

zhōng

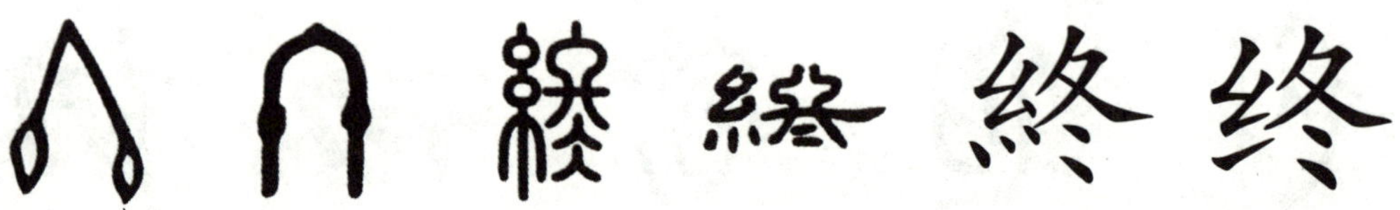

甲骨文— 金文 — 小篆 — 隶书 — 楷书 — 楷书简化字

终（終） 本义：把丝缠紧。甲骨文、金文像丝绳两端有结状，同古“冬”字。小篆从糸，冬声。表示纠束丝结于终端。后引申出终极、终端、终止、临终、终生、终究、终结等词义。

至四书

书（書）

shū

甲骨文 — 金文 — 小篆 — 隶书 — 楷书 — 楷书简化字

书（書） 本义：书写，记载。甲骨文、金文、小篆字形表示手持刀笔在器物上刻划或书写。后引申出文字、书信、书籍、书法等词义。

论语者

语（語）

yǔ

金文 — 小篆 — 隶书 — 楷书 — 楷书 简化字

语（語） 本义：谈论，议论。篆书从言，吾声。表示自己所说的话。后引申出语言、语文、细语、手语、谚语等词义。语，又读 yù，告诉之义。

二十篇

篇

piān

篇		篇		篇
小篆	—	隶书	—	楷书

篇　本义：书，简册。从竹，从册，扁声。古代文章写在竹简上，为保持竹简前后完整，用绳编集在一起，称为“篇”。后引申出篇章、篇幅等词义。

群弟子

群

qún

金文 — 小篆 — 隶书 — 楷书 — 楷书异体字

群 “羣”的异体字。本义：兽畜等动物相聚而成的集体。篆书从羊，君声。表示羊性好群。古称兽三为群，人三为众。后引申出群众、群体、结党连群、微信群等词义。

记善言

善

shàn

金文 — 小篆 — 隶书 — 楷书

善 本义：美好，吉祥。篆书从羊从誩。誩(jìng)，争论。表示人人竞相称道“羊”的驯良美好品性。后引申出友善、善事、善策、面善、慈善、善长、善解等词义。

孟子者

孟

mèng

金文 — 小篆 — 隶书 — 楷书

孟　本义：长子。指兄弟姊妹中排行最大者。篆书字形像孩子在容器中，表示祭祀神灵祈求庇佑孩子长大成人。后引申出孟春、孟浪等词义。

七篇止

止

zhǐ

甲骨文 — 金文 — 小篆 — 隶书 — 楷书

止 本义：足，脚。后作“趾”。甲骨文像足趾形。后引申出止步、停止、禁止、截止等词义。

讲道德·

德

dé

甲骨文 — 金文 — 小篆 — 隶书 — 楷书

德 本义：升；登。甲骨文、金文、小篆从彳，悳（dé）声。彳（chì），小步行走。字形表示用眼观察、用心感悟自然界事物的运行规律，以提升自身在做人、做事方面符合自然法则。后引申出德行、品德、恩德等词义。

说仁义

说(説)

shuō

小篆 —— 隶书 —— 楷书 —— 楷书 简化字

说(説) 本义:讲述。从言,从兑。表示用言语来宣述心意。后引申出说明、学说、劝说、责备等义。说,又读 shuì,如:游说。又读 yuè,古同“悦”。

作中庸

作

zuò

甲骨文 — 金文 — 小篆 — 隶书 — 楷书

作 本义：产生，兴起。甲骨文、金文以“乍”为“作”。表示起始之义。小篆从人从乍。后引申出振作、写作、工作、当作、作用、作孽、作品等词义。作，又读 zuō，如：作坊。

乃孔伋

孔

kǒng

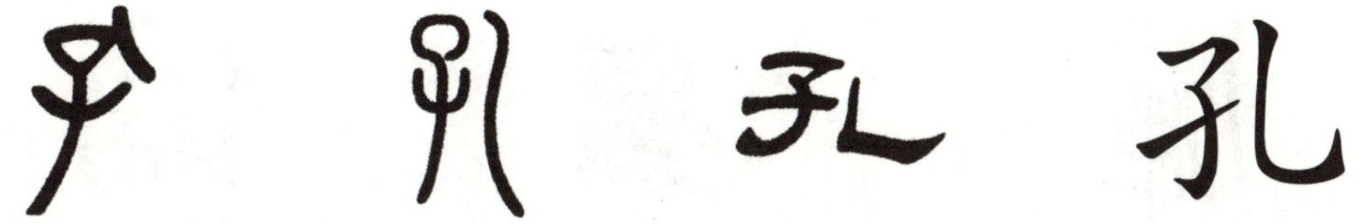

金文 — 小篆 — 隶书 — 楷书

孔 本义：囟门。在头顶部前方正中部位。金文字形表示婴儿头顶骨未合缝的地方。后引申出孔洞、一孔井等词义。

中不偏

偏

piān

小篆 — 隶书 — 楷书

偏 本义：倾斜，不平正。从人，扁声。篆书表示人头偏斜。后引申出偏激、偏私、偏差、偏爱、偏方、偏偏等词义。

庸不易

庸

yōng

甲骨文 — 金文 — 小篆 — 隶书 — 楷书

庸 本义：用；需要。从庚从用。后引申出庸绩、平庸、毋庸、庸讵（难道）等词义。

作大学

大

dà

甲骨文 — 金文 — 小篆 — 隶书 — 楷书

大 本义：大人。甲骨文、金文、小篆像正面站立，伸开双臂的人形。表示规模或数量等超过一般，与“小”相对。后引申出年龄大、大量、老大、大作、大年初一、大体上、夸大、大师等词义。大，又读 dài，如：大夫、大王。

乃曾子

曾

zēng

甲骨文 — 金文 — 小篆 — 隶书 — 楷书

曾 本义：语气舒缓。甲骨文、金文字形像蒸熟食物用的器具“甑”(zēng)，即“甑”字的初文。表示蒸气向上逸出而分散。小篆从八从曰，囱声。后引申出曾祖、曾孙等词义。曾，又读céng，如：曾经。

自修齐

修

xiū

小篆 — 隶书 — 楷书

修 本义：修饰；装饰。从彡，攸声。彡，读 shān，毛发或胡须。表示从容地精心修饰发须。后引申出修理、修养、修史、修行、修建、修整、修长等词义。

至平治

治

zhì

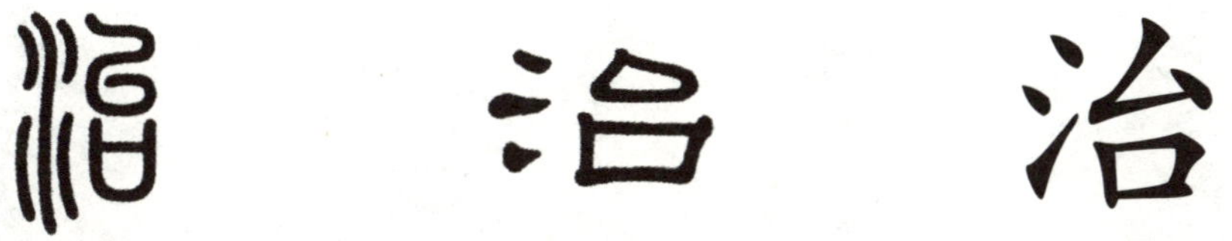

小篆 — 隶书 — 楷书

治 本义：古水名。治（chí）水，指今山东境内小沽河或沂河的支流。从水，台声。治，又读 zhì，整治，治理。后引申出治世、县治、治病、治学、治罪、治害虫、政治、主治等词义。

孝经通

孝

xiào

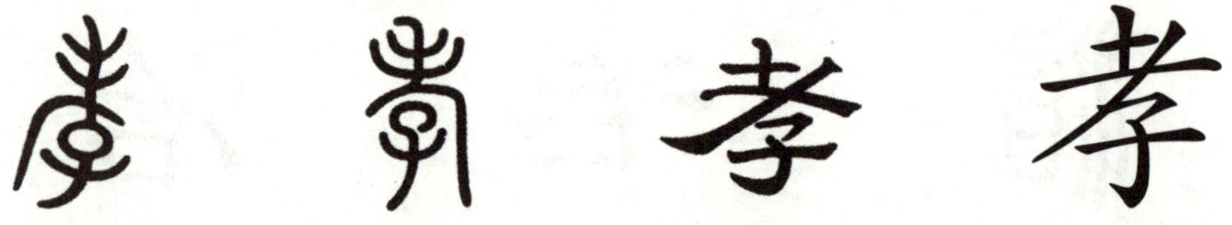

金文 — 小篆 — 隶书 — 楷书

孝 本义：善事父母者。金文、小篆像孩子背负老人或父母的样子，表示尽心奉养、尊敬父母。后引申出孝顺、守孝、戴孝等词义。

四书熟

熟

shú

甲骨文 — 金文 — 小篆 — 隶书 — 楷书

熟 本义：食物加热到可食用的程度。“熟”古同“孰”。甲骨文、金文、小篆字形表示烹饪食物大熟，用手取食。隶变后，“孰”加“火”（灬）为“熟”。后引申出成熟、熟练、熟悉、熟铁等词义。

如六经

如

rú

甲骨文 — 小篆 — 隶书 — 楷书

如 本义：顺从，依照。从女从口。甲骨文、小篆字形表示口出令，女从之。后引申出如意、如同、比如、如何、如果、如是、不如、如厕等词义。

始可读

可

kě

甲骨文 — 金文 — 小篆 — 隶书 — 楷书

可　本义：肯定，许可。后引申出可以、可口、可怜、可着、可能、可是等词义。可，又读 kè，如：可汗。

诗书易

诗（詩）

shī

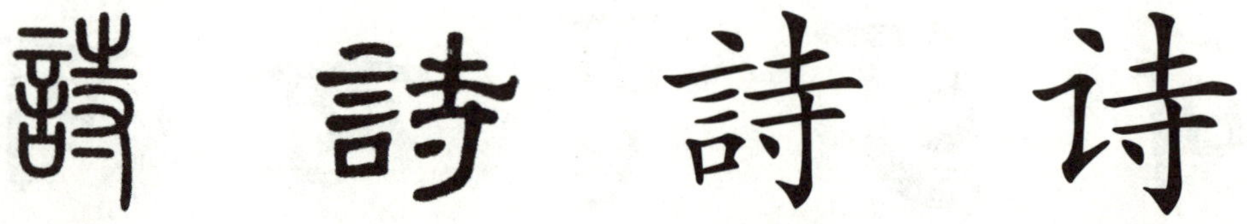

小篆 — 隶书 — 楷书 — 楷书 简化字

诗（詩） 是用言语表达心志、抒发情感的一种文学载体。如：诗歌、唐诗。

礼春秋

春

chūn

甲骨文 — 金文 — 小篆 — 隶书 — 楷书

春 本义：春季。指一年四季的第一个季节。甲骨文、金文、小篆从艸（cǎo）从屯从日。字形表示：春天来了，在和煦的阳光下，种子生根发芽，茁壮成长。隶变后作“春”。后引申出春光、春秋、怀春、妙手回春等词义。

号六经

经（經）

jīng

经（經） 本义：织布机上的纵线。从糸（mì），巠声。金文、小篆像织布机形，加“糸”以表示丝线。后引申出经典、经过、经书、经脉、经度、经常、经营、经受、月经等词义。

当讲求

求

qiú

甲骨文 — 金文 — 小篆 — 隶书 — 楷书

求 本义：皮衣。古同“裘”。甲骨文字形像一件有毛的皮衣。后造“裘”字，“求”则转为寻找、探索义。后引申出寻求、追求、请求、要求、供求等词义。

有连山

连（連）

lián

金文 — 小篆 — 隶书 — 楷书 — 楷书简化字

连（連） 本义：古时用人拉车。金文、小篆字形表示人拉车而行。后引申出连接、连续、连队、连带、连累、连根拔起等词义。

有归藏

归（歸）

guī

甲骨文 — 金文 — 小篆 — 隶书 — 楷书 — 楷书简化字

归（歸） 本义：女子出嫁。从止，从妇省。表示女子生以父母为家，嫁以夫为家，故称出嫁为“归”。后引申出归还、归来、归类、归宿、归属等词义。

有周易

易

yì

甲骨文 — 金文 — 小篆 — 隶书 — 楷书

易 本义：蜥蜴。一种爬行动物。后作“蜴”。甲骨文、金文像杯中盛水满出的样子，表示赐与。后引申出更易、交易、容易、平易等词义。

三易详

详（詳）

xiáng

小篆 — 隶书 — 楷书 — 楷书简化字

详（詳） 本义：审察；审理。后引申出详细、内详、安详等词义。

有典谟

典

diǎn

甲骨文 — 金文 — 小篆 — 隶书 — 楷书

典 本义：典范性书籍。甲骨文像双手奉册状。篆书从册在丌(jī)上。丌，底基。后引申出典章、典礼、典故、典试、典押等词义。

有训诂

训（訓）

xùn

金文 — 小篆 — 隶书 — 楷书 — 楷书简化字

训（訓） 本义：教导，教诲。从言，川声。表示用语言教导孩子，使其心思顺畅明理。后引申出训练、训诫、集训、训条、训诂（解释词的意义）等词义。

有誓命

命

mìng

甲骨文 — 金文 — 小篆 — 隶书 — 楷书

命 本义：命令。从口从令，古“命”同“令”。甲骨文、金文、小篆字形表示振铎铃以发号令，使受命之人有所为。后引申出生命、任命、命运、命名等词义。

书之奥

奥

àο

小篆 — 隶书 — 楷书

奥 本义：室内西南隅。古时祭祀设神主或尊长居坐的地方。小篆从“宀”，泛指室内深处。后引申出深奥、奥域、奥秘等词义。

我姬公

姬

jī

甲骨文 — 金文 — 小篆 — 隶书 — 楷书

姬 本义：姓。相传是黄帝的姓。甲骨文像妇女托下巴状，表示妇女容貌姣好。后用作妇女的美称，如：姬妾、歌姬等。

作周礼

礼(禮)

lǐ

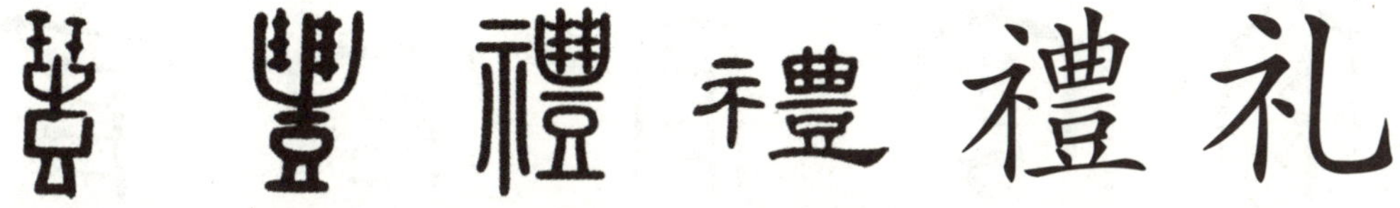

甲骨文 — 金文 — 小篆 — 隶书 — 楷书 — 楷书简化字

礼(禮) 本义:敬神,祭神以致福。甲骨文、金文字形像祭神求福时行礼的器具。小篆从示从豊。豊(lǐ),古代祭祀用的礼器。后引申出礼貌、礼仪、婚礼、礼物等词义。

著六官

官

guān

甲骨文 — 金文 — 小篆 — 隶书 — 楷书

官 本义：馆舍。也叫“官舍”。甲骨文、金文、小篆字形表示建在旅途中，臣吏用来止息的屋舍。后引申出官职、官府、官腔、五官等词义。

存治体

体（體）

tǐ

金文 — 小篆 — 隶书 — 楷书 — 楷书简化字

体（體） 本义：身体，全身的总称。从骨，豊声。金文从身，表示身的丰实之形。后引申出物体、字体、体会、体制、体温、体育等词义。体（體），又读 tī，如：体（體）己（贴身的、私蓄）。

大小戴

戴

dài

金文 — 小篆 — 隶书 — 楷书

戴 本义：头载物。如：戴花、戴帽子、穿戴。金文或作“載”。古“載”同“戴”。分物得增益曰戴。后引申出爱戴等词义。

著礼记

记(記)

jì

金文 — 小篆 — 隶书 — 楷书 — 楷书简化字

记(記) 本义:记载,记录。从言,己声。后引申出记住、日记、标记、胎记、一记耳光等词义。

述圣言

圣(聖)

shèng

甲骨文 — 金文 — 小篆 — 隶书 — 楷书 — 楷书简化字

圣(聖) 本义:无所不通。甲骨文、金文像人上着大耳,强调耳的敏锐听闻功效。表示精通者为“圣”。后引申出神圣、诗圣、圣贤、圣旨、圣经等词义。

礼乐备

乐（樂）

yuè

甲骨文 — 金文 — 小篆 — 隶书 — 楷书 — 楷书简化字

乐（樂） 本义：音乐。甲骨文、金文、小篆字形像丝弦附于木上。表示琴、瑟等乐器。如：奏乐。乐，又读 lè，如：快乐、可乐、乐于等。

曰国风

风(風)

fēng

风(風) 本义：空气的流动现象。如：北风。甲骨文以“凤”为“风”，字形像凤鸟高冠、花翎、长尾形，表示鸟儿凭风飞翔。小篆“風”字从虫，凡声。会意风动虫生。后引申出风俗、风行、风景、风声、作风、风化、采风、风疹、出风头等词义。

曰雅颂

雅

yǎ

小篆 — 隶书 — 楷书

雅 本义：鸟名，是一种短尾鸟。读 yā，古同“鸦”。雅，又读 yǎ。后借为“雅正，合乎规范”的含义。又引申出高雅、素雅、雅意等义。

号四诗

号（號）

hào

金文 — 小篆 — 隶书 — 楷书 — 楷书简化字

号（號） 本义：呼叫。读 háo。从号从虎。表示禽兽啼号，虎啸声厉。如：呼号、号哭。又读 hào。后引申出号令、号角、号召、称号、记号、年号、别号、商号、挂号、号脉、集合号等词义。

当讽咏

咏

yǒng

金文 — 小篆 — 隶书 — 楷书

咏 本义：歌唱，曼声长吟。同“詠”。从口从永，表示声音有节奏、有韵律。后引申为歌颂、用诗词等抒写。如：咏怀、咏雪。

诗既亡

亡

wáng

甲骨文 — 金文 — 小篆 — 隶书 — 楷书

亡 本义：逃跑；逃离。甲骨文“亡”字通“无”，意为没有、不。篆书从入从乚。乚（yǐn），隐藏。表示入于隐蔽的地方。后引申出灭亡、死亡、亡友、亡失等词义。亡，又读 wú，古同“无”。

春秋作

秋

qiū

甲骨文 — 金文 — 小篆 — 隶书 — 楷书

秋 也作“穐”。本义：谷物成熟。甲骨文、金文字形像蝗虫飞。表示秋天庄稼成熟时蝗虫飞食谷物。小篆从禾从火，表示禾穀熟。后引申出秋天、秋播、秋千、收秋、千秋万代、多事之秋等词义。

寓褒贬

寓

yù

金文 — 小篆 — 隶书 — 楷书

寓 本义：寄居。从宀从禺。“禺”，长尾猴。篆书字形表示猴子依岩为室而居。后引申出寓所、公寓、寓言、寓意等词义。

别善恶

恶（惡）

è

小篆 — 隶书 — 楷书 — 楷书简化字

恶（惡） 本义：罪过，罪恶。与“善”相对。后引申出恶劣、丑恶、恶疾等词义。恶，又读 ě，恶心。又读 wù，厌恶。又读 wū，文言叹词，表示惊讶。

三传̣者

传（傳）

zhuàn

甲骨文— 金文 — 小篆 — 隶书 — 楷书 — 楷书简化字

传（傳） 本义：驿站，驿舍。甲骨文、金文、小篆从人从専。専为纺砖，是古代收丝用的器具，有转动的含义。后引申出传记、经传等词义。传，又读 chuán，如：传授、传扬、传递、传神、传染等。

有公羊

公

gōng

甲骨文 — 金文 — 小篆 — 隶书 — 楷书

公 本义:公平,无私。从八从厶。八表示相背分开,厶为“私”的本字,合在一起表示与“私”相背。后引申出公开、公约、公海、办公、公家、王公大臣、诸公、公婆、公鸡等词义。

有左氏

左

zuǒ

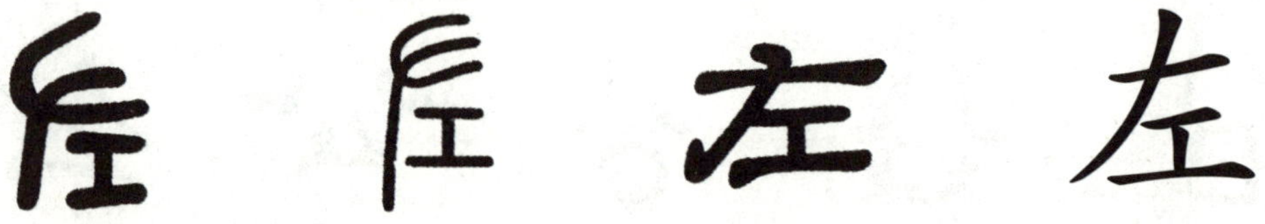

金文 — 小篆 — 隶书 — 楷书

左 本义：辅佐，帮助。篆书字形表示用手相辅助。后造“佐”字为辅佐义，“左”始为“左右”之专字。后引申出左边、左派、旁门左道、意见相左等词义。

有穀梁

梁

liáng

金文 — 小篆 — 隶书 — 楷书

梁 本义：桥；桥梁。从木，从水，表示用木造桥跨水。后引申出屋梁、脊梁、山梁、提梁等词义。

经既明

明

míng

甲骨文 — 金文 — 小篆 — 隶书 — 楷书

明 本义：明亮；光明。甲骨文、金文、小篆字形以月未落而日已出或以夜间月光透过窗射入室内表示光明。后引申出明白、明确、英明、表明、失明、明天等词义。

方读子

读（讀）

dú

小篆 — 隶书 — 楷书 — 楷书简化字

读（讀） 本义：诵读、理解书的意义。后引申出阅读、读音、读书（指上学）等词义。读，又读 dòu，句中的短暂停顿。今以逗号标志，也作“逗”。

撮其要

要

yào

金文 — 小篆 — 隶书 — 楷书

要 本义：人的腰部。读 yāo。篆书字形表示双手上伸的女子，突出人体的腰部。后作“腰”字。要，今为“要约”专字。后引申出要求、要挟等词义。要，又读 yào，如：重要、纲要、要账、要努力、要紧、要么、要是等。

记其事

事

shì

甲骨文 — 金文 — 小篆 — 隶书 — 楷书

事 本义：官职，职务。甲骨文、金文像手持上端有杈的捕猎器具形，表示古人以捕猎生产为大事。小篆从史，职事义。后引申出事业、事情、谋事、从事等词义。

五子者

者

zhě

金文 — 小篆 — 隶书 — 楷书

者 本义：区别事物的词。作代词，相当于“这”。如：者番、者边。后也作助词、语气词。如：强者、学者、文艺工作者、前者。

有荀扬

扬（揚）

yáng

金文 — 小篆 — 隶书 — 楷书 — 楷书简化字

扬（揚） 本义：高举，升高。从手，昜（yáng）声。金文字形像人双手高举状。后引申出赞扬、传扬、飞扬、扬场、其貌不扬等词义。

文中子

文

wén

甲骨文 — 金文 — 小篆 — 隶书 — 楷书

文 本义：纹身。古同“纹”，指在肌肤上刺画花纹。甲骨文、金文、小篆像正立的人形，胸部有刻划的纹饰。后引申出文字、文章、文化、文件、文言、水文、文雅、一文钱、繁文缛节等词义。

及老庄

庄（莊）

zhuāng

金文 — 小篆 — 隶书 — 楷书 — 楷书简化字

庄（莊） 本义：草盛貌。篆书从艸，壮声。表示草木繁茂之地人类宜居。后引申出庄重、村庄、庄园、饭庄、庄家、姓氏等词义。

经子通

通

tōng

甲骨文 — 金文 — 小篆 — 隶书 — 楷书

通 本义：到达；通到。甲骨文、篆书从辵，甬声。表示施行使用无阻碍。后引申出串通、疏通、普通、通知、通晓、通顺、通夜等词义。通，又读 tòng，如：发了一通牢骚。

读诸史

诸（諸）

zhū

金文 — 小篆 — 隶书 — 楷书 — 楷书 简化字

诸（諸） 本义：区别之词，相当于“者”。金文“者”通“诸”。小篆从言，者声。后引申出诸多、诸如、诸兄、诸人、付诸实施等词义。